10대들을 위한
성교육

10대들을 위한 성교육

초판 1쇄 찍은날 2007년 9월 17일
초판 6쇄 펴낸날 2018년 1월 10일

지은이   수잔 메러디스, 로빈 지
옮긴이   박영민
펴낸이   장승규
편집   이영란
디자인   Blue Paper
제작   유성호
인쇄   평화당인쇄(주)
펴낸 곳 도서출판 세용
주소   서울시 강서구 공항대로 653-5, 304호
         (염창동, 대명투웨니퍼스트)
등록   2003년 9월 17일 제300-2003-3
전화   (031)717-6798
팩스   (031)717-6799
E-mail   seyongbook@naver.com
ISBN   978-89-954102-7-1 63370

* 책값은 뒤표지에 있습니다.
* 파본은 바꾸어 드립니다.

First published in 1985 by Usborne Publishing Ltd., 83-85 Saffron Hill, London ECIN 8RT, England, www.usborne.com
Copyright © 2004 by Usborne Publlishing Ltd. The name Usborne and the devices are Trade Marks of Usborne Publishing Ltd.
All rights reserved. No part of this publication may be reproduced, stored in a retrieval system or transmitted in any form or by any means, electronic, mechanical, photocopying, recording or otherwise, without the prior permission of the publisher.

KOREAN language edition © 2007 by Seyong Publishing Co.
KOREAN translation rights arranged with Usborne Publishing Ltd. UK and Enterskorea Co., Ltd., Seoul, Korea.

• 이 책의 한국어판 저작권은 (주)엔터스코리아(Enterskorea Co.,Ltd)를 통한 저작권사와의 독점계약으로 도서출판 세용이 소유합니다. 신 저작권법에 의하여 한국 내에서 보호를 받는 저작물이므로 무단전재와 무단복제를 금합니다.

♥ 영국 TES 올해의 지식정보상 수상작 ♥

10대들을 위한 성교육

수잔 메러디스, 로빈 지 함께 지음 ● 박영민 옮김

세용출판

들어가며

오늘날 우리 나라는 청소년들의 심각한 흡연율과 약물 오남용, 성폭력, 10대 임신 등 청소년 문제의 예방을 위한 교육의 필요성이 부각되면서, 대책 마련을 위한 움직임이 활발해지고 있습니다.

이 책은 이러한 문제의식을 가지고 기획·번역 출간하게 되었습니다. 이제 기성세대들은 청소년들에게 소극적인 성교육에서 벗어나 보다 체계적인 교육을 통해 더욱 건강한 사회로 나아가야 할 의무가 있습니다.

본문 '1부 성장'에서는 사춘기를 겪으면서 나타나는 신체적인 변화, 성, 피임, 건강 관리법, 약물 오남용, 흡연·음주 등에 대해 언급하며, '2부 임신과 출산, 아기 돌보기'에서는 아기가 자궁에 착상해서 자라나는 과정에서부터 아기 돌보는 방법에 이르기까지 유용한 정보를 제공합니다.

물론 이 두 주제를 엮은 이유는 성장과 출산이 중요하게 관련되어 있다는 것을 알려주기 위해서입니다. 건전하고 건강한 성교육은 지금 당장 궁금증만 풀어 주는 것이 아니기 때문입니다.

본문에서는 10대라면 누구나 한번쯤 궁금하게 여겼던 질문들에 대해 체계적으로 자세하고 쉽게 설명했으며, 이해를 돕기 위한 여러 가지 그림들이 지루함을 덜어 주고 어려운 문제들에 대해 쉽게 접근할 수 있도록 구성했습니다.

아직까지 우리 나라에는 청소년기의 학생들이 흔히 갖는 신체와 관련된 여러 가지 궁금한 점들이나 성에 관련된 내용들을 구체적이고 명쾌하게 다룬 책이 거의 없는 실정입니다.

따라서 이 책은 우리 나라 10대 청소년들에게 훌륭한 성교육 지침서가 될 수 있을 것입니다.

우리 나라는 현재 엄청나게 개방된 성 문화가 차츰 자리잡아 가고 있습니다. 우리 아이들에게 정확하고 건강한 성교육이 절실히 필요한 때입니다.

제대로 된 교육을 통해 스스로 자신의 몸을 보호하고 관리하는 방법을 익히도록 해야 할 것입니다.

지금 한국의 아이들은 과거에 비해 성장이 빠르고 생각도 앞서 가며 궁금한 것을 참으려 하지 않습니다.

억누르려고 하기 이전에 제대로 가르쳐 주는 것이야말로 건강한 신체와 올바른 사고방식을 갖게 하는 유일한 방법이 될 것입니다.

차례

1부 성장

1. 몸이 자라요 ● 13
2. 사춘기에는 어떤 변화가 생길까? ● 19
3. 사춘기는 어떻게 시작될까? ● 22
4. 우리 몸에 나는 털 ● 25
5. 유방 ● 29
6. 브래지어 ● 32
7. 여성의 생식 기관 ● 34
8. 생리 ● 38
9. 남성의 생식 기관 ● 50
10. 성관계 ● 54
11. 피임 ● 62
12. 성 매개 감염증 ● 71
13. 음식 ● 76
14. 운동 ● 84
15. 약물 ● 89
16. 흡연과 음주 ● 93
17. 청결 유지 ● 98
18. 감정 ● 104

2부 임신과 출산, 아기 돌보기

1. 아기는 어떻게 생길까? ● 111
2. 엄마의 뱃속에서 자라는 아기 ● 118
3. 엄마의 몸에 생기는 변화 ● 123
4. 임신 중의 건강관리 ● 127
5. 아기는 어떻게 태어날까? ● 134
6. 아기의 모습을 결정짓는 요인 ● 144
7. 쌍둥이와 시험관 아기 ● 148
8. 신생아 ● 152
9. 부모 되기 ● 154
10. 아기 돌보기 ● 157
11. 젖 먹이기 ● 163
12. 기저귀 갈아 주기 ● 171
13. 개월별 아기의 변화 ● 175
14. 아기 돌보기 ● 185

● 용어 풀이 ● 189

1부 성장

1. 몸이 자라요 ● 2. 사춘기에는 어떤 변화가 생길까?

3. 사춘기는 어떻게 시작될까? ● 4. 우리 몸에 나는 털 ● 5. 유방

6. 브래지어 ● 7. 여성의 생식 기관 ● 8. 생리 ● 9. 남성의 생식 기관

10. 성관계 ● 11. 피임 ● 12. 성 매개 감염증 ● 13. 음식

14. 운동 ● 15. 약물 ● 16. 흡연과 음주 ● 17. 청결 유지 ● 18. 감정

● 성장

여러분은 태어난 이후 계속 성장해 왔지요. 아기가 자라고 여러 가지 변화를 겪으면서 어린아이가 되듯이, 어린아이에서 성인으로 자라는 과정에서 특별히 중요한 또 다른 성장 단계가 있는데, 이를 '사춘기'라고 해요.

● 청소년기

청소년기는 대략 11세에서부터 17세나 그 이상에 걸쳐 지속되는 시기예요(이 책에 언급된 나이는 모두 만 나이임–옮긴이). 청소년기에는 큰 변화를 겪게 되는데, 마음과 감정(심리적 변화)은 물론 몸(신체적 변화)에도 많은 변화가 생기지요. 이 책은 주로 신체적인 변화에 대해 설명하고 있답니다.

● 신체적 성장

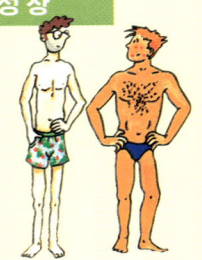

맨 처음에는 성장과 신체에 나타나는 변화에 대해 다루고 있습니다.

● 사춘기

청소년기 중에서도 신체적인 변화가 크게 일어나는 시기를 사춘기라고 해요. 신체적인 변화는 대부분 청소년기의 초기에 일어나지요.
19~21쪽에서는 사춘기에 일어나는 전반적인 변화의 양상과 그런 변화가 언제 어떻게 일어나는지 설명하고, 그 다음에는 이에 대해 좀 더 상세하게 설명해 주고 있습니다.

● 성관계와 임신

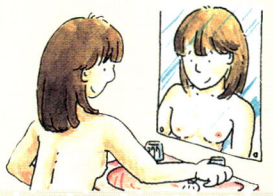

사춘기에 일어나는 가장 중요한 변화는 여러분의 몸이 아이를 낳을 수 있는 상태로 변하기 시작한다는 점이에요. 그래서 34~75쪽에서는 생식기관, 성관계, 원하지 않는 임신을 피하기 위한 피임법, 성병 등에 대한 항목을 다루었습니다.

● 감정

이 책은 청소년기의 신체적인 변화를 중점적으로 다루고 있기는 하지만, 여러분의 감정도 아주 중요한 요소이지요. 그래서 104쪽에서는 여러분이 겪게 될 여러 가지 복잡한 감정에 대해서도 언급하고 있습니다.

● 더 알아 보려면

76~103쪽에서는 음식이나 약물같이 여러분의 몸에 영향을 미치는 요소에 대해 더 자세히 설명하고 있어요. 189~192쪽에는 용어 풀이를 실었습니다.

신체 내 장기의 색깔

이 책에서 사용하고 있는 사진과 삽화는 여러분이 신체 내의 각 부위를 분명하게 구분해서 알아볼 수 있도록 색깔을 실제와는 달리했어요. 여러분 몸 내부의 색깔은 실제로는 거의 갈색을 띤 붉은 색이랍니다.

1. 몸이 자라요

사춘기에 일어나는 변화 중 하나는 우선 갑자기 키가 많이 자란다는 점이에요. 이를 '발육 급진기'라고 하는데, 신체의 내분비샘에서 생성되는 호르몬이라는 물질에 의해 생기는 현상이에요. 여기에 대해서는 나중에 좀 더 자세한 설명이 나올 거예요.

발육 급진기에는 두 살 무렵에 갑자기 몸이 자라는 속도와 맞먹는 속도로 성장하게 되지요. 키가 가장 빨리 자라는 시기에 남자 아이는 대개 일 년 만에 7~12cm가, 여자 아이는 6~11cm가 자란답니다.

● 키

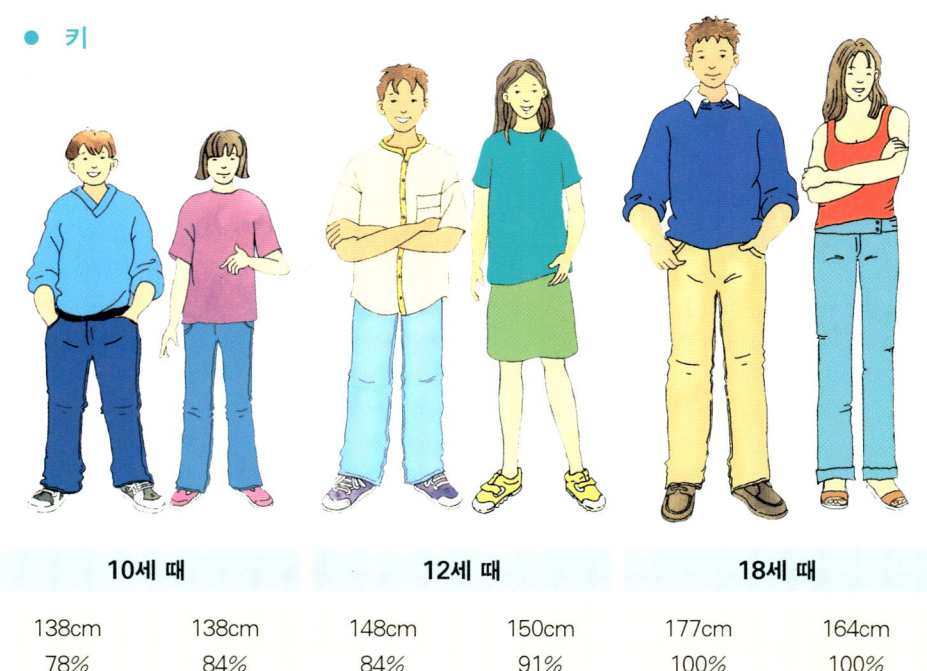

10세 때		12세 때		18세 때	
138cm	138cm	148cm	150cm	177cm	164cm
78%	84%	84%	91%	100%	100%

위에 있는 그림은 나이에 따른 남녀의 평균 신장과 성인의 키에 대비한 비율을 보여 주고 있어요.

여자 아이는 11세쯤에, 남자 아이는 13세쯤에 발육 급진기가 시작되기 때문에 어느 시기에는 여자 아이들이 남자 아이들보다 키가 큰 편이에요. 남자 아이들은 13세쯤에 여자 아이들의 키를 따라잡고, 여자 아이들이 성장을 거의 멈춘 이후에도 한동안 키가 더 자란답니다.

이 책에 나오는 나이와 숫자는 모두 평균에 불과해요. 사춘기의 다른 모든 변화와 마찬가지로 키가 자라는 것도 사람마다 다 다르지요. 여러분의 최종 신장은 발육 급진기를 언제 시작하느냐와는 아무런 상관이 없고, 주로 부모님에게서 물려받은 유전적인 요인에 따라 결정이 됩니다.

많지는 않지만 이렇다 할 발육 급진기를 거치지 않고 꾸준히 키가 자라는 사람도 있어요.

● **내 키는 얼마나 클까?**

아래의 표를 이용하면 여러분이 성장을 다 마친 다음에 키가 얼마나 될지 예측해 볼 수 있어요. 표를 보면 사춘기의 키가 나중에 성장을 마친 후의 키에 비해 몇 퍼센트 정도가 될지 알 수 있어요.

다음 계산식을 이용해 보세요.

$$\frac{\text{현재 신장}}{\text{총 신장 대비 \%}} \times 100$$

키가 130cm인 9살 남자 아이의 예를 들어보면,

$$\frac{130}{75} \times 100 = 173$$

이 남자 아이는 성장을 마치면 키가 173cm가 될 것으로 예상할 수 있어요.

나이	%	
	남자 아이	여자 아이
8	72%	77%
9	75%	81%
10	78%	84%
11	81%	88%
12	84%	91%
13	88%	95%
14	92%	98%
15	95%	99%
16	98%	99.5%
17	99%	100%
18	100%	100%

● 뼈의 성장 과정

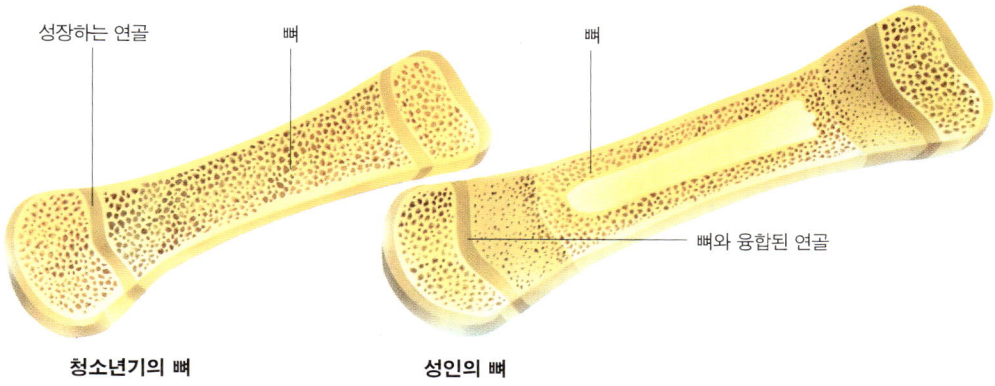

청소년기의 뼈   성인의 뼈

팔과 다리의 긴 뼈에는 끝 부분에 연골이라는 물렁물렁한 물질이 있어요. 뼈는 연골이 자라면서 길어지는데, 나중에 성호르몬의 영향을 받아서 연골이 뼈와 융합되면 성장이 멈추게 되는 거예요.

여성이 대체로 남성보다 키가 작은 이유 중 하나는 여성이 남성보다 성적으로 더 빨리 성숙하므로 계속 자랄 시간이 더 적기 때문이에요.

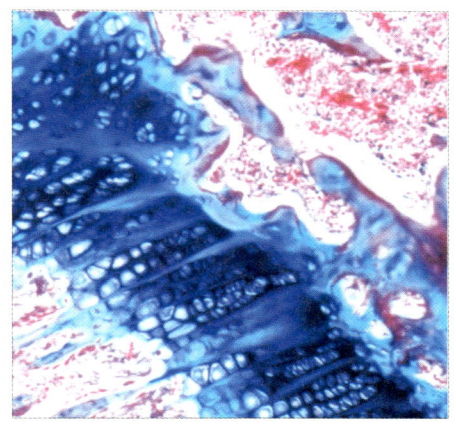

염료를 주입한 긴 뼈의 일부로, 대각선 방향으로 보이는 여러 개의 검푸른 띠가 바로 성장 과정 중에 있는 연골이다.

● 신체 형태의 변화

키가 자랄수록 신체의 형태에도 변화가 오지요. 여성의 엉덩이에 있는 고관절은 골반뼈가 넓어지면서 아기가 자라고 태어날 수 있는 공간이 더 넓어져요. 남자는 일반적으로 여자보다 어깨가 더 벌어지게 되는데, 그 때문에 힘도 더 세집니다.

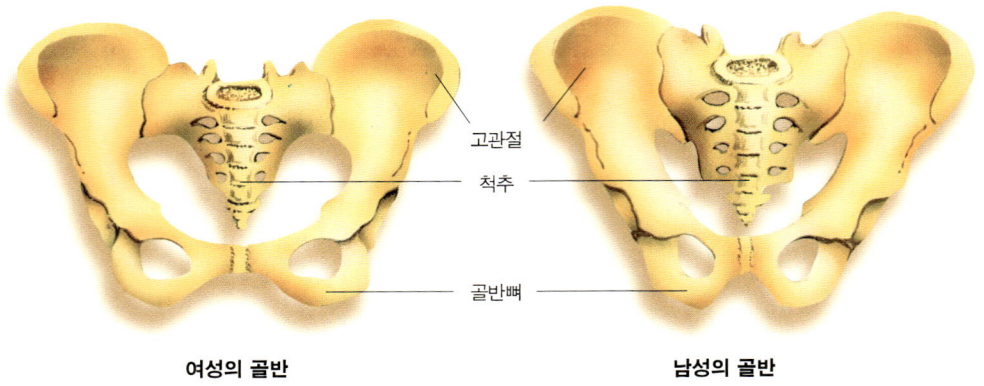

여성의 골반   남성의 골반

● 목소리의 변화

몸이 자라는 동안 후두가 커지면서 목소리도 더 굵어져요. 대부분은 목소리가 아주 점차적으로 변하지만 드물게 갑자기 바뀌는 사람도 있어요. 남자의 목소리는 여자의 목소리보다 더 굵어지는데, 이것은 남자의 후두가 더 커지기 때문이에요. 남자의 경우 목에 결후가 튀어나와 있는 것을 보면 이 점을 쉽게 알 수 있어요.

남자 아이들은 사춘기에 목소리가 갑자기 갈라지면서 무엇이 걸린 듯한 소리가 나서 당황하게 되는 경우가 있어요. 이런 현상은 후두의 근육이 잠깐 동안 조절이 안 돼서 생기는 현상입니다.

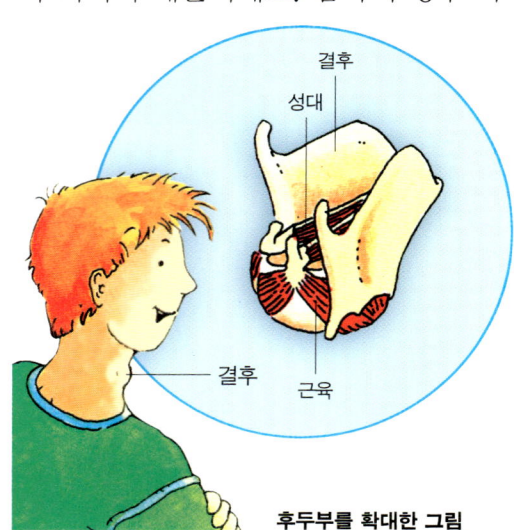

후두부를 확대한 그림

● 얼굴의 변화

사춘기에는 얼굴에도 많은 변화가 일어나는 것을 볼 수 있어요. 코와 턱은 좀 더 튀어나오고 이마의 머리털이 난 선은 뒤로 물러나요. 남자 아이의 얼굴은 여자 아이보다 더 많이 변해요.

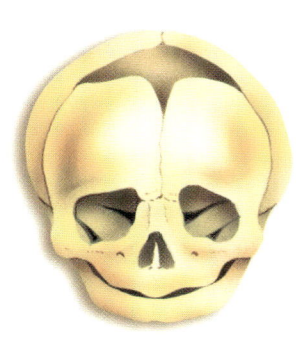

어린아이의 두개골   성인의 두개골

● 근육

사람은 성장하면서 근육도 더 커지고 힘도 더 세져요. 태어날 때 신체에서 근육이 차지하는 비율은 약 20%인데, 이 비율은 사춘기 초기에는 약 25%로 늘어나고 성인이 되면 약 40%로 늘어납니다. 남자는 대개 신체의 크기에 비해 여자보다 근육량이 많은 편이지요. 힘이 감당할 수 없을 만큼 자라서 힘이 없고 노곤해진다고 하는 사람도 있지만, 이것은 사실이 아니랍니다. 하지만 신체가 자라는 속도에 비해 힘이 커지는 속도가 뒤처지기 때문에, 실제로 한동안 보기보다 힘이 없는 시기가 있기는 해요.

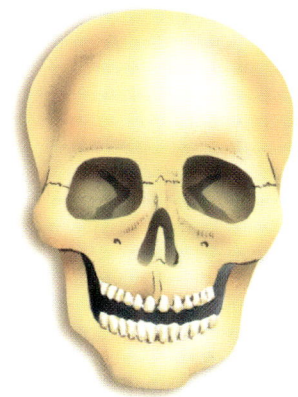

● 남자가 여자보다 힘이 센 이유는?

남자는 대개 여자보다 힘이 세고 체력이 좋아요. 이것은 신체의 크기나

형태, 근육 등에 차이가 있기 때문이기도 하지만, 남자의 심장이나 폐가 신체의 크기에 비해 여자보다 크기 때문이기도 하지요. 이런 차이는 또 남자 아이들이 여자 아이들보다 스포츠 활동을 더 많이 하도록 장려하는 환경에서 자란다든가 하는 등 성장 환경에 따라서 더 커지는 경우가 많아요. 힘이 더 세다고 해서 남자가 여자보다 더 건강하다는 뜻은 아니에요. 실은 일반적으로 여자가 남자보다 더 오래 산답니다.

● **이상적인 몸매**

어떤 사람은 자기가 특정한 몸매나 신체의 크기가 아니라고 걱정하기도 해요. 이것은 언론 매체에서 특히 여성의 이상적인 몸매를 많이 보여 주기 때문에 생기기도 해요. 하지만 사실 사람마다 매력적으로 여기는 신체의 유형은 다 다르고, 특별히 몸무게가 많이 나가거나 적게 나가지 않는 한 걱정할 일은 아닙니다.

● **호리호리한 몸매**

'발육 급진기' 동안 신체의 각 부위는 똑같은 비율로 성장하는 것이 아니라 먼저 손과 발이 커지고, 다음으로 팔과 다리가 길어지고, 그 다음으로 약 1년쯤 뒤에 신체의 나머지 부분이 자라게 돼요. 대개 눈에 두드러지게 나타나는 것은 아니지만, 사람에 따라서 한동안 자신의 손과 발이 다른 신체 부위에 비해 특별히 큰 것 같다고 생각하는 경우도 있어요.

2. 사춘기에는 어떤 변화가 생길까?

사춘기가 되면 신체에 각종 변화가 일어나기 시작해요. 이렇게 변화가 생기는 가장 큰 이유는 나중에 아이를 낳을 수 있도록 몸을 준비시키는 것이지요.

성 기관에도 중요한 변화가 나타나서, 성장하고 발달하면서 아기를 만들어 낼 수 있는 특별한 성 세포가 생성되기 시작합니다. (기관[器官]이란 특정한 일을 수행하는 몸 속의 모든 부분을 말하고, 세포란 신체 내에서 가장 작은 개별적인 생명 단위를 말해요.)

사춘기에 나타나는 변화 중에는 몸 속에서 진행되기 때문에 실제로 변화가 진행되는지 잘 알기 어려운 변화도 있고, 반대로 겉으로 뚜렷하게 드러나는 변화도 있어요. 아래 그림은 사춘기에 일어나는 대표적인 변화를 보여 주고 있습니다.

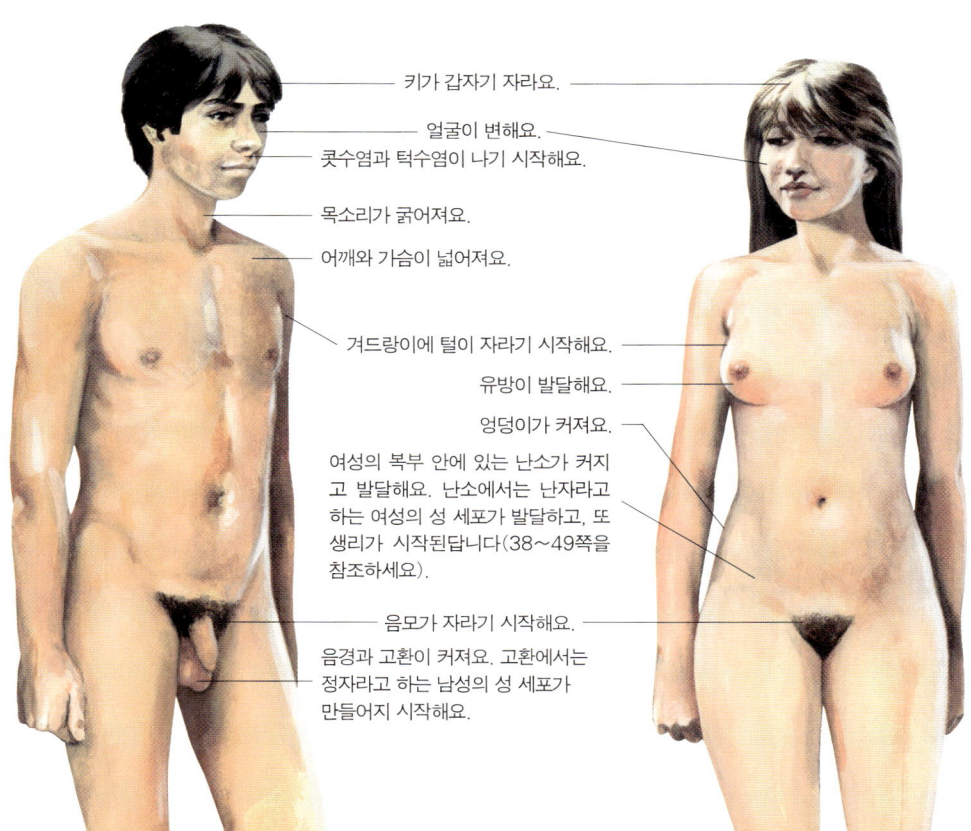

- 키가 갑자기 자라요.
- 얼굴이 변해요.
- 콧수염과 턱수염이 나기 시작해요.
- 목소리가 굵어져요.
- 어깨와 가슴이 넓어져요.
- 겨드랑이에 털이 자라기 시작해요.
- 유방이 발달해요.
- 엉덩이가 커져요.
- 여성의 복부 안에 있는 난소가 커지고 발달해요. 난소에서는 난자라고 하는 여성의 성 세포가 발달하고, 또 생리가 시작된답니다(38~49쪽을 참조하세요).
- 음모가 자라기 시작해요.
- 음경과 고환이 커져요. 고환에서는 정자라고 하는 남성의 성 세포가 만들어지 시작해요.

● **사춘기의 시작**

사춘기가 시작되는 나이는 남성이냐 여성이냐에 따라, 또 개인에 따라 달라요. 평균 나이로는 보통 여자가 11세, 남자가 13세라고 하지만, 사실 여자 아이는 8세에서 15세 사이, 남자 아이는 10세에서 16세 사이의 기간 중 어느 때라도 사춘기가 올 수 있어요.

이렇게 사춘기가 시작되는 시기의 차이가 크기 때문에 나이가 같은 두 사람이 한 사람은 신체의 발달이 다 끝났는데, 다른 한 사람은 아직 시작도 하지 않은 경우가 생길 수 있어요.

그래서 때로는 곤란한 경우가 발생할 수도 있어요. 신체 발달이 빨리 일어나든 늦게 일어나든 둘 다 정상이며, 어느 한쪽이 다른 한쪽보다 더 좋고 나쁜 게 아니라는 점도 알아두면 좋을 거예요.

사춘기가 시작되는 나이가 달라도 성인이 되었을 때의 모습에는 영향을 미치지 않아요. 신체의 성숙이 늦게 이루어지든 빨리 이루어지든 성장 과정은 신체가 완전히 발달할 때까지 계속되니까요.

사춘기가 시작되는 나이는 부모로부터 물려받은 유전적인 요인에 따라서도 달라져요. 체격도 어느 정도 영향을 미치는데, 키가 작고 다부진 사람들은 키가 크고 마른 사람보다 사춘기가 일찍 오는 경향이 있어요.

● **매력**

사춘기에 일어나는 변화 중, 예를 들어 수염이 자란다든가 유방이 발달

한다든가 하는 것은 아이를 낳는 일에 필수적인 요소는 아니에요.

일차적인 성적 특징인 성기와 달리 수염이나 유방은 이차적인 성적 특징으로 알려져 있어요. 이성과는 다르다는 표시를 함으로써 이성에게 매력적으로 보이는 역할을 한다는 것이지요.

● 시대의 변화

요즘에는 과거보다 사춘기가 찾아오는 나이가 어려지고 있어요. 이것은

어린 아이들이 과거보다 더 많이 먹거나 과거와는 다른 종류의 음식을 먹는다든가, 체지방이 더 많아졌지만 운동은 덜 한다든가, 사춘기를 늦추는 질병에 덜 걸린다든가 하는 등의 여러 가지 요인이 작용해서 그런 것이랍니다.

3. 사춘기는 어떻게 시작될까?

사춘기에 일어나는 신체 변화는 모두 뇌에서 시작되며, 호르몬이라는 화학 물질이 변화를 일으킵니다. 어린아이였을 때는 체내에 적은 양의 호르몬이 나오는데, 그 기능에 대해서는 거의 알려진 바가 없습니다.

사춘기가 되면 뇌의 작용으로 이러한 호르몬의 분비 양이 증가하고, 호르몬의 양이 증가하면서 신체는 난자와 정자라는 성 세포를 만들어 내기 시작해요. 성호르몬이라고 알려진 또다른 호르몬의 분비량 역시 증가해서 사춘기의 변화를 일으키지요.

● 뇌와 사춘기

사춘기는 '시상하부'라는 뇌의 아주 작은 부위에서 시작됩니다. 시상하부가 충분히 발달하면 '뇌하수체'라는 뇌의 다른 부위에 호르몬을 다량으로 내보내기 시작하지요.

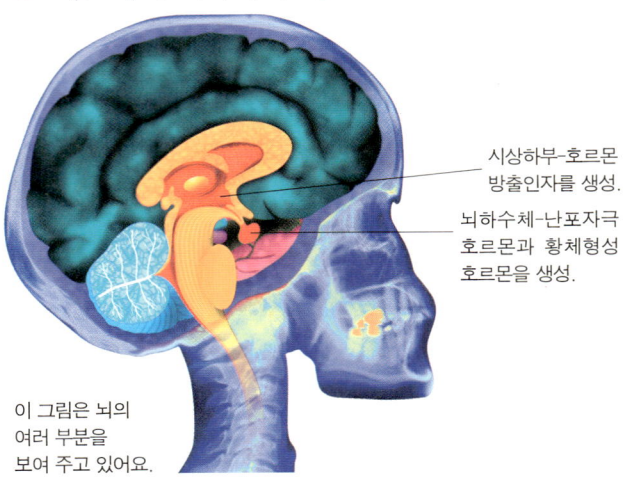

시상하부-호르몬 방출인자를 생성.
뇌하수체-난포자극 호르몬과 황체형성 호르몬을 생성.

이 그림은 뇌의 여러 부분을 보여 주고 있어요.

시상하부에서 나온 호르몬은 '방출 인자'라고도 하는데, 이는 이들 호르몬이 뇌하수체를 자극하여 난포자극호르몬과 황체형성호르몬이라는 다른 두 호르몬이 더 많이 방출하도록 하기 때문입니다.

난포자극호르몬과 황체형성호르몬의 작용으로 여성의 난소에 있는 난자가 발달하고, 남자의 고환에서는 정자가 생성됩니다.

난소와 고환에서는 많은 양의 호르몬을 생성하지요. 이 호르몬이 바로 성호르몬이에요. 성호르몬은 난소와 고환이 계속 성숙해 가도록 도와 주는 역할을 하며, 사춘기에 접어든 사람들에게서 볼 수 있는 뚜렷한 변화를 일으킨답니다.

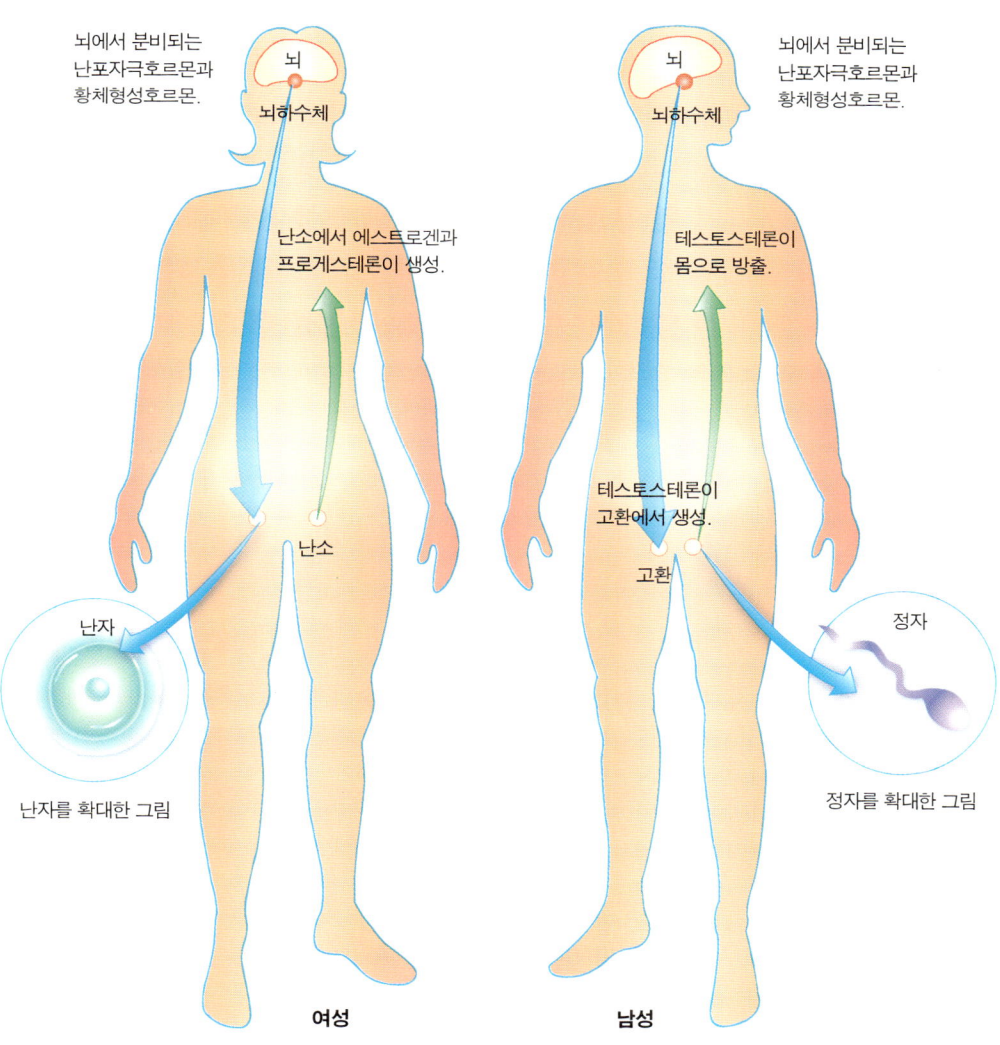

예를 들면 여성의 유방이 발달하고 남성의 수염이 자라도록 하는 역할을 하지요. 주요 여성호르몬은 에스트로겐과 프로게스테론이고, 주요 남성호르몬은 테스토스테론이에요.

난소에서는 여성호르몬뿐만 아니라 소량의 남성호르몬도 만들어 내며, 마찬가지로 고환에서도 남성호르몬뿐만 아니라 소량의 여성호르몬도 만들어 냅니다.

남성호르몬인 테스토스테론의 결정을 수천 배 확대하여 착색한 사진. (실제 신체 내 호르몬의 색깔은 회색빛에 가깝다.)

● 호르몬이란 무엇일까?

우리 몸에는 생식에 관여하는 호르몬 외에도 다른 유형의 호르몬이 많이 있어요. 예를 들어 아드레날린은 두려움이나 분노를 느낄 때 신체가 긴급한 행동을 취할 수 있도록 준비시켜 주는 호르몬이지요.

호르몬은 내분비샘이라는 세포의 집단에서 생성되는데, 예를 들어 뇌하수체는 내분비샘의 일종이에요. 내분비샘은 얇은 벽으로 쌓여 있는 혈관에 붙어 있어요. 호르몬은 내분비샘에서 흘러나와서 이 벽을 통과해 체내로 들어가지요. 그러면 혈액이 이 호르몬을 신체의 각 부분으로 전달하게 됩니다. 신체의 부위에 따라서 작용하는 호르몬은 각각 다르답니다.

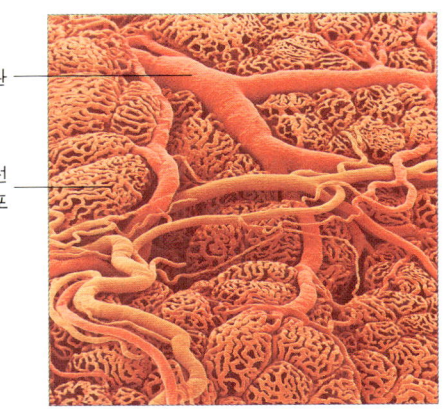

목 부위에 있는 갑상선이라는 내분비샘.

4. 우리 몸에 나는 털

사춘기가 되면 신체의 여러 부위에서 성호르몬의 영향으로 털이 자랍니다. 인간은 유인원과 친척 관계에 있는데, 털은 사람들이 온몸에 털이 아주 빽빽하게 많이 나 있던 시절부터 유래한 거예요.

● 음모

외부 성기, 즉 외음부에 나는 털을 음모라고 해요. 음모는 이차 성징(이차적인 성적 특징)의 하나이지요. 생식에 필수적인 것은 아니지만 외음부에 관심을 끌고 일반적으로 이성에게 매력적으로 보이게 하는 역할을 합니다.

음모는 맨 처음에는 부드럽지만 나중에는 머리카락보다 더 뻣뻣해지고 꼬불꼬불해져요. 음모가 머리카락 색과 완전히 다른 색을 띠는 경우도 있답니다.

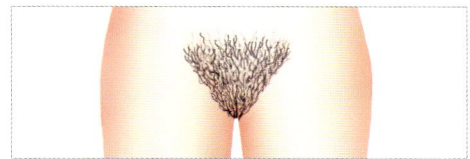

여성의 음모

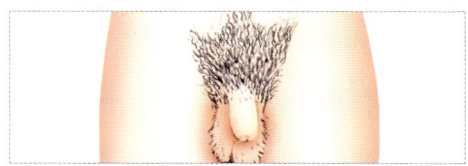

남성의 음모

● 겨드랑이 털

겨드랑이 털은 보통 음모가 나기 시작한 뒤 1~2년 뒤부터 자라기 시작해요. 겨드랑이 털이 왜 나는지는 알려지지 않았어요.

여성들은 면도기나 제모 크림을 사용해서 겨드랑이 털을 제거하기도 하지만, 의학적인 의미는 없어요. 겨드랑이 털을 깎는다고 해서 겨드랑이에 땀이 덜 나는 것도 아니고, 깎아도 곧 다시 자라서 또 깎아야 합니다.

제모 크림을 써서 겨드랑이 털을 제거하고 싶다면, 겨드랑이 피부는 아주 예민하기 때문에 제모 크림의 사용 설명서에 나와 있는 지시 사항을 잘 따라야 해요.

● 체모

사춘기가 되면 남자나 여자나 팔과 다리에 난 털이 더 길어져요. 특히 남자는 가슴에도 털이 나는 경우가 많고 배나 어깨, 등, 손, 발 등에도 털이 나는 경우가 있어요.

체모는 남성의 털이 여성의 털보다 굵기 때문에 남성에게서 더 두드러져 보여요. 머리카락 색깔이 금발 계통이 아니라 검은색 계통이면 몸의 털은 더 두드러져 보이지요.

몸에 털이 얼마나 많이 나느냐는 부모에게서 물려받은 유전적인 요인에 따라 다릅니다. 몸에 털이 많다고 해서 남자가 더 남자답게 되고 여자가 덜 여성스럽게 되는 것도 아니고, 성적 능력과도 아무런 상관이 없어요.

몸에 털이 나는 것은 아주 자연스럽고 정상적인 일이지만 몸에 난 털, 특히 다리의 털을 면도하거나 제모 크림을 써서 제거하는 경우도 있어요. 하지만 털은 깎아도 다시 나게 마련이고, 다시 날 때는 전보다 더 짙게 날 가능성이 많다는 점은 알아둘 필요가 있어요.

체모를 마른 상태 그대로 면도하지 말고, 면도기를 사용할 때는 따뜻한 물과 면도 거품이나 면도용 젤과 함께 사용하세요.

제모 크림은 설명서에 나온 지시 사항을 잘 지켜서 사용하도록 하세요.

● 수염

턱수염과 콧수염이 자라는 현상은 사춘기의 남자 아이에게 보통 마지막으로 생기는 변화이지요. 우선 윗입술 윗부분에서 콧수염이 자라고 다음으로 뺨에, 끝으로 턱에 수염이 납니다. 턱 양 옆으로는 조그맣게 수염이 자라지 않는 부분이 있는 남자가 많아요.

수염은 처음에는 부드럽게 나지만 점차 뻣뻣해집니다. 수염은 머리카락 색깔과 반드시 똑같은 색으로 나는 것은 아니에요.

일부 전문가는 남자의 수염은 수탉의 볏에 해당하고 중요한 이차성징이라고 생각하기도 한답니다.

● 면도

수염이 나기 시작하면 조금 민망하게 생각하는 남자 아이도 있는데, 처음으로 면도를 시작하기 위해 수염이 굵어질 때까지 기다릴 필요는 없어요. 하지만 꼭 면도를 해야만 하는 것은 아니에요. 일단 수염을 기르겠다고 결정했다면 청결을 유지하도록 해야 합니다.

가장 빠르고 편안하게 면도하려면 전기 면도기를 사용하면 되겠지만, 전기를 사용하지 않는 날 면도기로 면도용 거품이나 젤과 따뜻한 물로 면도를 하면 수염을 더 깔끔하고 깨끗하게 면도할 수 있다고 여기는 남자들이 많아요.

하지만 날 면도기를 사용하면 피부를 베기가 쉬워요. 남자들은 대부분 다음 그림에서 설명하고 있는 방식으로 면도를 합니다.

　따뜻한 물로 면도를 하면 피부의 모공이 열리고, 면도를 마친 뒤 찬물을 끼얹으면 모공을 다시 닫는 데 도움이 돼요. 애프터 셰이브 로션에 함유되어 있는 아스트린젠트라는 물질도 모공을 닫아 주는 역할을 하기는 하지만, 로션을 처음 바르면 따끔한 느낌이 들어요. 애프터 셰이브 로션을 너무 많이 쓰면 피부가 건조해지고 각질이 생긴다는 점도 기억해 두세요.

한쪽 귀 부분에서 시작해서 얼굴을 따라 턱 끝까지 내려오면서 면도합니다. 털의 결 방향을 따라 아래쪽으로 면도하세요. 그렇지 않으면 따끔거릴 수 있어요.

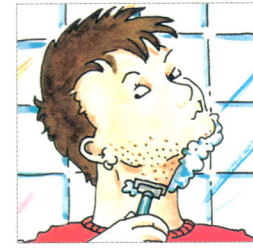
얼굴 반대편도 같은 방식으로 면도한 다음, 코와 윗입술 사이와 턱 아랫부분의 순으로 면도를 해 줍니다. 더 깔끔하게 깎으려면 이제 위쪽 방향으로 결을 거슬러 면도하면 되지요.

● **얼굴의 잔털**

　여자 아이들 중에서도 얼굴에 잔털이 나는 경우가 많아요. 이런 털은 보통은 특별히 눈에 띄지는 않아요. 하지만 얼굴에 난 잔털이 색이 아주 진하고 정말 신경이 쓰인다면 제모 크림을 이용해서 제거하거나 피부 관리사에게 문의해 보세요. 여자의 피부는 남자의 피부보다 더 민감하므로 절대로 면도하지는 마세요.

● **외따로 난 털**

　몸에는 어디든지 외따로 난 털이 자랄 수 있어요. 어떤 사람들은 이런 털을 보면, 특히 얼굴에 난 털은 뽑거나 잘라내 버리기도 하는데, 점 위에 난 털의 경우는 뽑아내면 점에 손상을 줄 수도 있으니까 뽑지 말고 잘라 내는 게 좋아요.

5. 유방

　유방이 발달하는 것은 여자 아이들의 사춘기에 나타나는 특히 두드러진 특징입니다. 유방은 난소에서 생성되는 에스트로겐 호르몬으로 인해 발달하는데, 보통 11세 무렵부터 발달하기 시작해 17세 정도에 최종 크기까지 자랍니다. 젖꼭지가 제일 먼저 자라지요.
　유방이 발달하고 커지면서 가끔 거북한 느낌이 들 때가 있을 거예요. 또 한쪽 유방이 다른 쪽보다 더 빨리 발달할 수도 있지만 나중에는 같아져요. 하지만 양쪽 유방 모양이 똑같은 사람은 아무도 없어요. 유방이 발달하기 시작하는 나이는 유방의 최종 크기와는 아무런 상관이 없습니다.

● **유방의 역할**

　유방이 발달하는 주요한 목적은 여자가 아이를 낳아 먹일 수 있도록 모유를 생산하기 위한 것입니다. 모유는 아이가 먹는 가장 좋은 첫 번째 음식이지요.
　유방은 또 중요한 이차성징이기도 해요. 남자가 매력적으로 여길 뿐만 아니라 손길에도 민감해서 여성의 성적 쾌감을 증가시켜 주기도 한답니다.

● **유방의 크기**

　자기 유방이 너무 크거나 너무 작지 않은가 해서 걱정하는 여자들이 많은데, 전체적인 외모에 대한 염려와 마찬가지로 이런 걱정도 언론 매체에 나오는 이상적인 여성상의 영향 때문일 거예요. 하지만 사실 유방의 크기

는 젖을 생성하거나 저장하는 면적에 따라 달라지는 것이 아니라 지방에 따라 결정되기 때문에, 크기가 어떻든 똑같이 아기에게 젖을 먹일 수 있어요. 유방은 또한 크기에 상관 없이 모두 똑같이 민감하고, 남자가 매력적으로 느끼는 유방의 크기와 모양도 남자에 따라 다 달라요.

● **운동으로 유방을 키울 수 있을까?**

운동을 아무리 열심히 하더라도 유방의 크기를 키울 수는 없어요. 운동은 근육을 키워서 효과를 얻는데, 유방에는 근육이라고는 전혀 없기 때문이에요.

수영처럼 유방 근육을 사용하는 운동을 하면 근육이 강화되어서 유방을 좀 더 잘 지탱하는 데 도움이 될 수는 있어요.

● **남자와 가슴**

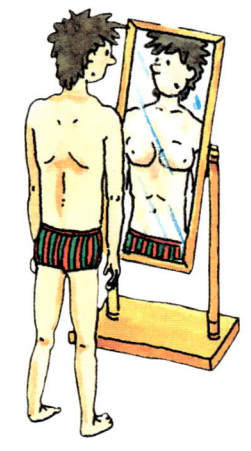

사춘기에 들어선 남자 아이 중에는 가슴이 부드러워지거나 약간 부풀어 오르는 경우가 있을 수 있어요. 이건 걱정할 일은 전혀 아니에요. 그런 일이 생긴다고 해서 성이 여자로 바뀌는 게 아니고, 여자의 유방처럼 보이는 가슴은 호르몬 생성이 잦아들면서 약 1년 반 안에는 사라진답니다.

● 유방의 구조

여성이 아이를 낳으면 뇌하수체에서 분비되는 호르몬의 작용으로 여성의 유방에서 모유가 만들어져요. 모유는 여성의 혈액이 유방을 통과할 때 혈액에서 빠져 나오는 물질에서 만들어진답니다.

유방에는 이렇게 튜브같이 생긴 관, 즉 유관이 유방 한쪽 당 15~20개가 들어 있어요. 이 관은 어렸을 때는 아주 작지만 사춘기가 되면 커지면서 여러 갈래로 갈라져요. 여성이 아이를 낳은 다음에 유방에서 모유가 만들어지기 시작하면, 모유는 이 관으로 배출된 다음 아기가 젖을 빨 때까지 이 곳에 보관되어 있어요.

젖꼭지(유두)는 유방에서 가장 민감한 부위예요. 접촉이나 찬 기운 같은 감각적 자극이 오면 젖꼭지 기저부의 작은 근육들이 젖꼭지의 발기를 유발합니다. 젖꼭지의 모양은 제각기 다른데, 밖으로 튀어나와 있는 것이 아니라 안으로 들어가 있는 경우도 있어요. 아기가 엄마의 젖을 빨면 엄마의 뇌하수체에서 나온 호르몬의 작용으로 모유가 젖꼭지에 있는 미세한 다수의 구멍을 통해 유관에서 흘러나오게 됩니다.

젖꼭지 주위의 부분을 젖꽃판(유륜)이라고 합니다. 색깔은 분홍색에서 암갈색에 이르기까지 다양한데, 임신 중에는 더 검은 색을 띠게 됩니다.
젖꽃판에는 작은 돌기들이 나 있어요. 모유 수유를 할 동안 여기에서 젖꼭지를 보호하는 역할을 하는 지방성 물질이 만들어집니다.
젖꽃판에도 외따로 난 털이 자라는 경우가 많은데, 제거하고 싶으면 뽑거나 잘라 버리면 됩니다.

모유를 생성하는 부위   지방 세포

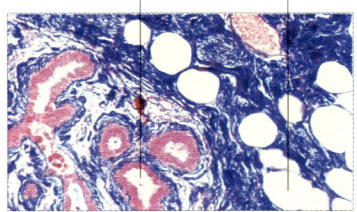
유방의 내부

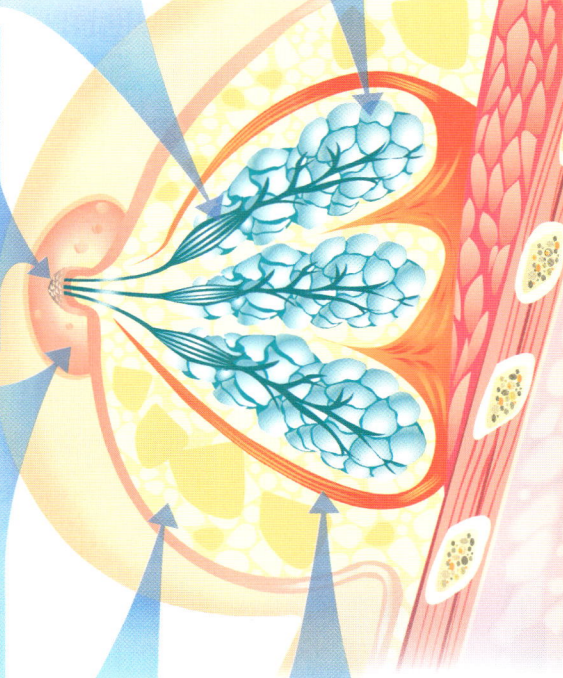

사춘기가 되면서 모유가 모이는 유관이 커지면 이 부위에 지방이 형성되어 유관을 보호하는 쿠션 역할을 하게 됩니다. 유방의 크기는 이 지방의 양에 따라 결정됩니다.

유관은 탄력성이 있는 섬유질에 의해 서로 분리되어 있어요. 이 섬유질은 나이가 들어감에 따라서 늘어나게 되는데, 유방이 처지는 것은 바로 이 때문이랍니다.

6. 브래지어

언제부터 브래지어를 착용할 것인지는 자신이 결정할 문제입니다. 브래지어를 착용하는 데는 의학적인 이유는 없지만, 착용을 하면 유방을 덜 의식하게 되어서 수줍음을 덜 느끼는 여자 아이들이 많고, 성인 여자들은 대부분 브래지어를 하는 것이 운동이나 스포츠를 하기에 더 편하다고 느껴요. 큰 유방은 무게도 많이 나가기 때문에 유방 안에 있는 섬유질이 조기에 늘어나는 경우도 있어서 가슴이 처지기 시작할 수 있으니까, 가슴이 큰 편이라면 거의 언제나 브래지어를 하고 있는 편이 좋아요.

● **사이즈 측정**

브래지어를 구입하기 위해서는 대략적으로나마 가슴 치수와 컵 사이즈를 알고 있어야 합니다. 보통 속옷 가게에 가면 크기를 재어 줍니다. 측정 방법을 아는 직원이라면 여러분이 얇은 윗도리를 입고 있을 경우에는 윗도리를 벗지 않고도 치수를 재어 줄 수 있을 거예요. 또 아래 순서에 따라서 집에서 스스로 자기 치수를 재어 볼 수도 있어요.

1. 가슴 사이즈를 알아보기 위해서는 유방 바로 아랫부분에서 흉곽의 둘레를 딱 맞게 재고, 그 수치에 12cm를 더하세요. 예를 들면, 부위 68cm + 12cm = 80cm

2. 브래지어의 컵 사이즈를 알려면 젖꼭지를 지나 유방에서 가장 크게 잴 수 있는 곳을 재세요. 그 결과가 위 1번의 결과와 같으면 AA컵이고, 1~1.5cm 정도 차이면 A컵, 2.5cm 차이면 B컵, 5cm 차이면 C컵, 7.5cm 차이면 D컵이에요.

● 브래지어의 구입

브래지어가 편안하고 가슴 모양을 예쁘게 만들어 주려면 크기가 정확히 맞아야 합니다. 너무 크면 브래지어가 울고 움직이며 심지어는 위로 올라갈 수도 있어요. 브래지어가 너무 작으면 가슴을 꽉 죄일 뿐만 아니라 브래지어 밖으로 가슴이 불룩하게 튀어나오게 되지요.

평상시에 착용하기 위해서는 부드럽고 잘 늘어나는 소재로 된 가슴 전체를 감싸는 브래지어가 가장 편안해요. 브래지어 끈을 줄이거나 늘려서 맞춘 다음 등 뒤에 자기에게 가장 적당한 위치에서 잠그면 됩니다.

자기에게 맞는 브래지어 사이즈라고 생각했는데, 그게 잘 맞지 않는 일도 간혹 있어요. 브래지어도 브랜드와 종류에 따라 크기가 다르게 나와서 사이즈는 그냥 대강의 기준 정도로만 생각하세요. 될 수 있으면 여러 가지 브랜드와 여러 종류의 브래지어를 입어 보고, 그 중에서 몸에 제일 잘 맞는 것을 고른 다음, 윗도리를 입고 옷을 입은 상태에서 몸매가 어떻게 보이는지 살펴보세요. 브래지어에 따라서 원래의 몸매가 달라져 보이는 정도가 크게 다르거든요.

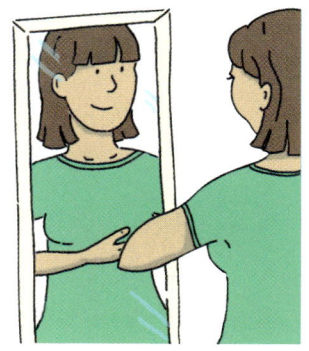

7. 여성의 생식 기관

여자 아이들은 성기가 대부분 신체 내부에 있기 때문에 성기에 일어나는 변화를 잘 알아채지 못할 때가 많아요. 여기에서는 신체 외부에 있는 여성 성기에 관해 살펴보겠습니다. 외부 성기는 외음부라고 해요. 여성의 외음부는 남성의 외음부에 비해 눈에 덜 띄어요.

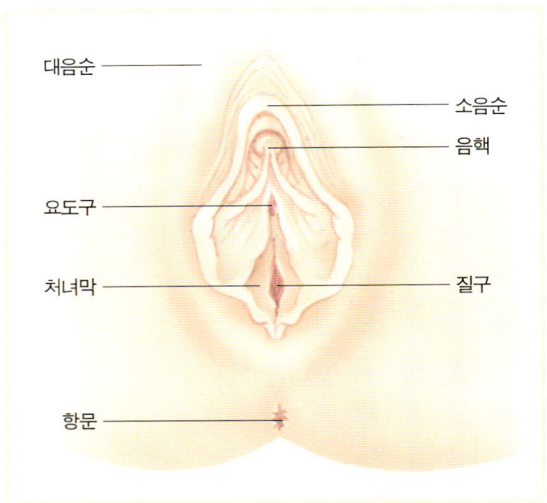

음문 _ 여성의 외음부를 음문이라고 해요. 여성이 실제로 자기 음문을 볼 수 있는 유일한 방법은 거울을 사용하는 거예요. 여러분 몸의 음문이 옆에 나온 그림과 다르다고 해도 걱정할 건 없어요. 외음부의 모양은 신체의 다른 부위와 마찬가지로 사람마다 다르거든요.

대음순 _ 대음순은 입술처럼 생긴 두터운 두 겹으로 된 피부를 말해요. 지방으로 이루어져 있고 음모가 나 있어요. 보통은 음문 내부를 보호하며 그 위를 덮은 채 닫혀 있어요.

소음순 _ 소음순은 대음순보다 얇고 음모가 없어요. 성장하면서 더 접촉에 민감해지는 부위이지요. 소음순에서는 윤활액이 분비돼요. 소음순의 왼쪽과 오른쪽 음순 부분은 크기가 똑같은 경우는 드물고, 대음순 밖으로 비어져 나와 있을 때도 있어요.

음핵 _ 음핵은 여성의 신체에서 가장 민감한 부위예요. 완두콩만한 크기에 불과하지만 남자로 치면 음경에 해당하는 부위이지요. 정확한 크기는 사람에 따라 다르고, 민감성과는 관련이 없어요. 음핵은 윗부분만 눈에 보이는데, 소음순 안쪽에 두건 같은 한 겹짜리 피부로 덮여 있어요.

요도구 _ 방광에서 신체 외부로 이어지는 튜브 같은 관인 요도의 구멍이에요. 여기에서 소변이 나온답니다.

질구 _ 질구는 질로 연결되는 입구인데, 질은 내부 생식 기관으로 이어지는 통로를 말해요. 질구에서는 자정 작용(저절로 깨끗해지는 작용)과 습윤 작용을 하는 약간의 분비액이 흘러나와요. 또 생리를 할 때 생리혈이 흘러나오는 곳이기도 하고(39~40쪽을 참조하세요), 성관계를 맺을 때 남자의 음경이 삽입되는 곳이기도 하고(58쪽을 참조하세요), 아기를 낳을 때 아기가 산모의 몸에서 밖으로 나오는 출구가 되기도 해요. 질구는 아주 좁지만 쉽게 늘어나지요.

처녀막 _ 처녀막은 질구 위로 나 있는 얇은 피부층이에요. 처녀막은 사춘기에 질이 커지고 늘어나면서 파열되는데, 스포츠를 많이 하는 경우에는 그 이전에도 파열될 수 있어요. 파열되지 않고 남아 있더라도 처녀막에는 작은 구멍이 많이 나 있어서 생리혈이 흘러나올 수 있어요.

항문 _ 소화관의 끝에 있는 구멍인데, 용변을 볼 경우 대변이 몸에서 빠져 나오는 곳이에요.

● 내부 생식 기관

신체의 다른 부분과 마찬가지로 여성의 내부 생식 기관도 사춘기에 많이 자랍니다. 오른쪽에 있는 그림은 여성의 내부 생식 기관의 모습을 보여 주고 있어요. 여기 나온 생식 기관은 앞에서 본 그림인데, 그 내부가 어떻게 생겼는지 알 수 있도록 그려 놓았어요.

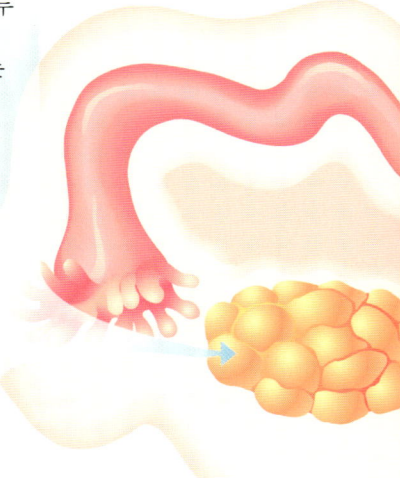

난소 _ 여성에게는 난소 두 개가 있어요. 복부 아래쪽에 양 옆으로 하나씩 있는데 연결 섬유질로 자궁 외부에 붙어 있지요. 완전히 발달한 난소는 껍질을 깐 호두와 모양과 크기가 비슷합니다.
여자는 태어날 때부터 이미 난소에 몇 십만 개나 되는 난자(난세포)가 저장된 채로 태어나지요. 사춘기가 되면 뇌하수체가 만들어 내는 난포자극호르몬과 황체형성호르몬에 의해 난자가 성숙해서 난소에서 방출돼요. 보통은 한 달에 난자 한 개가 양쪽 난소에서 번갈아 가며 방출되는데, 이를 '배란'이라고 해요. 이 과정은 약 50세가 될 때까지 계속돼요. 배란이 더 이상 일어나지 않는 것을 '폐경'이라고 하고, 그 시기를 '폐경기'라고 합니다.

● 내부 생식 기관의 위치

아래 두 그림은 복부 내부에 있는 여성의 생식 기관의 위치를 보여 주고 있어요. 왼쪽 그림은 내부 생식 기관, 특히 자궁을 골반뼈가 보호하고 있는 모습을 보여 줍니다.

이 그림은 옆에서 본 모습인데, 내부 생식 기관이 방광과 직장에 비해서 어디에 위치해 있는지, 또 외부 생식 기관과는 어떻게 연결되어 있는지 볼 수 있어요.

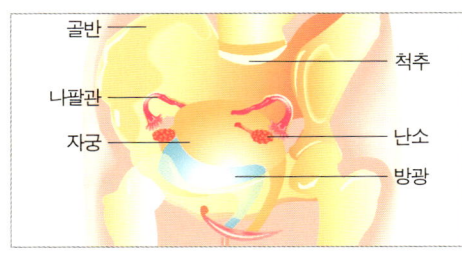
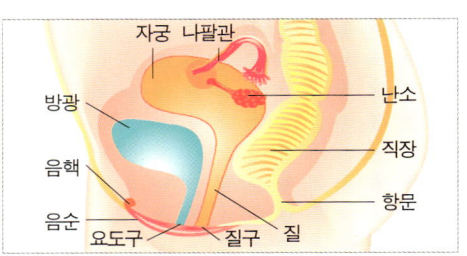

나팔관 _ 나팔관은 길이 12cm 정도에 연필 정도 되는 너비예요. 속이 빈 공간은 연필 심 정도의 너비에 불과하지요.
난소에서 난자가 방출되면 나팔관 끝에 술처럼 나 있는 난관채 중에서 가장 가까운 쪽에 있는 난관채가 난자를 낚아채 나팔관 안으로 끌고 들어갑니다.
그런 다음 나팔관의 근육벽과 미세한 털이 난자를 움직여 자궁까지 옮겨 놓습니다.
난자가 나팔관 안에 있는 동안 여성이 성관계를 가지면 임신이 될 수 있어요. 남자의 몸에서 나온 정자가 난자와 만나 수정을 하게 되는 거지요.
여기에 대해서는 62쪽에 자세하게 설명해 놓았어요.

자궁 _ 난자는 나팔관에서 자궁의 빈 공간으로 들어가게 됩니다. 자궁은 보통 서양 배를 뒤집어 놓은 모양과 비슷해요. 두터운 근육벽으로 둘러싸여 있고 내막에는 혈관이 많이 있어요. 자궁 내막은 난소에서 분비된 에스트로겐과 프로게스테론이라는 성호르몬의 양이 변화함에 따라 그 상태가 변해요. 사춘기 때부터 폐경기까지 한 달에 한 번씩 자궁 내막은 수정된 난자가 내막에 착상해서 아기로 발달할 수 있게 하기 위한 준비로 두께가 두터워져요.
수정이 일어나지 않으면 난자는 해체되고 자궁 내막은 허물어지는데, 이게 바로 생리랍니다. 즉 허물어진 자궁 내막이 질을 거쳐서 피와 함께 배출되는 거죠. 생리에 대해서는 39~40쪽에서 더 자세하게 설명해 두었어요.

자궁경부 _ '자궁의 목'이라는 뜻이에요. 자궁과 질을 연결하는 폭 2mm 정도의 좁은 통로, 즉 '관'이에요. 여자가 출산하면 이 경관은 아이가 빠져 나갈 수 있도록 훨씬 넓어집니다.

질 _ 질은 자궁과 신체의 외부를 연결해 주는 길이 약 10cm 정도의 근육질 관이에요. 질벽은 아코디언처럼 접혀 있어서 아기를 나을 때 아기가 빠져 나올 수 있을 정도로 쉽게 많이 늘어나요. 질 내벽에서는 자정 작용과 습윤 작용을 하는 분비액을 생산합니다.

8. 생리

　생리를 시작하는 것은 아마도 사춘기를 맞은 여자 아이들에게 나타나는 가장 중요한 변화라고 할 수 있습니다. 아래에서는 자궁 내막이 허물어지면서 질에서 약간의 피가 나오는 생리의 과정을 설명하고 있어요. 피가 나온다면 좀 무섭게 들릴지도 모르겠지만, 잘 준비만 되어 있다면 전혀 걱정할 필요가 없는 일이에요. 생리혈은 며칠에 걸쳐서 조금씩 흘러나오는데, 품질이 좋은 탐폰이나 생리대를 사용해서 쉽게 생리혈을 흡수할 수 있습니다.

● 생리의 시작

　생리는 8~17세 사이면 언제라도 시작할 수 있지만, 가장 일반적인 시기는 유방이 발달하기 시작한 지 약 일 년쯤 되는 때예요. 생리는 마음대로 시작할 수도 없고, 또 일단 생리가 시작되면 마음대로 그 시기를 뒤로 미룰 수도 없어요.

● 호르몬과 생리

　여기서는 어떻게 생리 주기가 호르몬의 지배를 받는지 보여 주고 있어요. 여기서 다루는 생리 주기는 평균적인 지속 기간인 28일을 기준으로 했어요. 각자의 생리 주기는 이와는 약간 다를 수도 있습니다.

● 1일 차

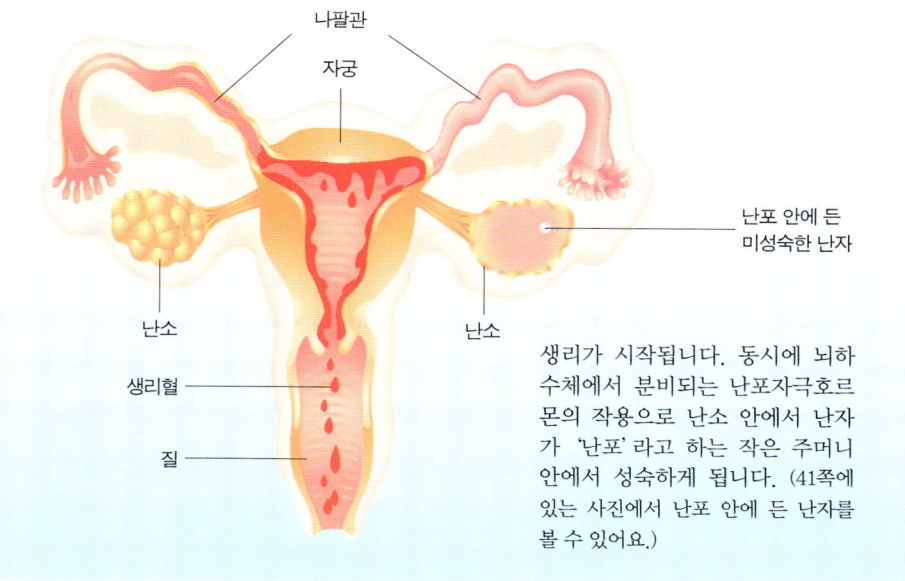

생리가 시작됩니다. 동시에 뇌하수체에서 분비되는 난포자극호르몬의 작용으로 난소 안에서 난자가 '난포'라고 하는 작은 주머니 안에서 성숙하게 됩니다. (41쪽에 있는 사진에서 난포 안에 든 난자를 볼 수 있어요.)

● 5일 차

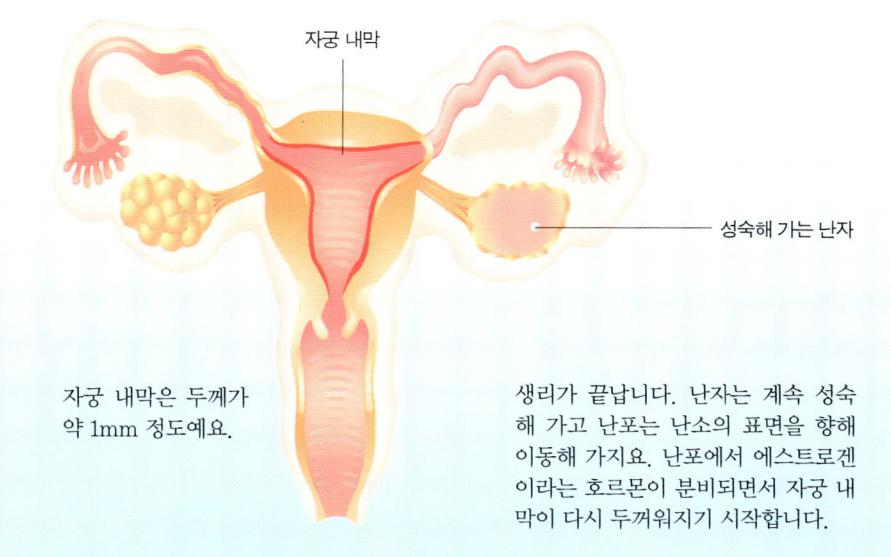

자궁 내막은 두께가 약 1mm 정도예요.

생리가 끝납니다. 난자는 계속 성숙해 가고 난포는 난소의 표면을 향해 이동해 가지요. 난포에서 에스트로겐이라는 호르몬이 분비되면서 자궁 내막이 다시 두꺼워지기 시작합니다.

● 14일 차

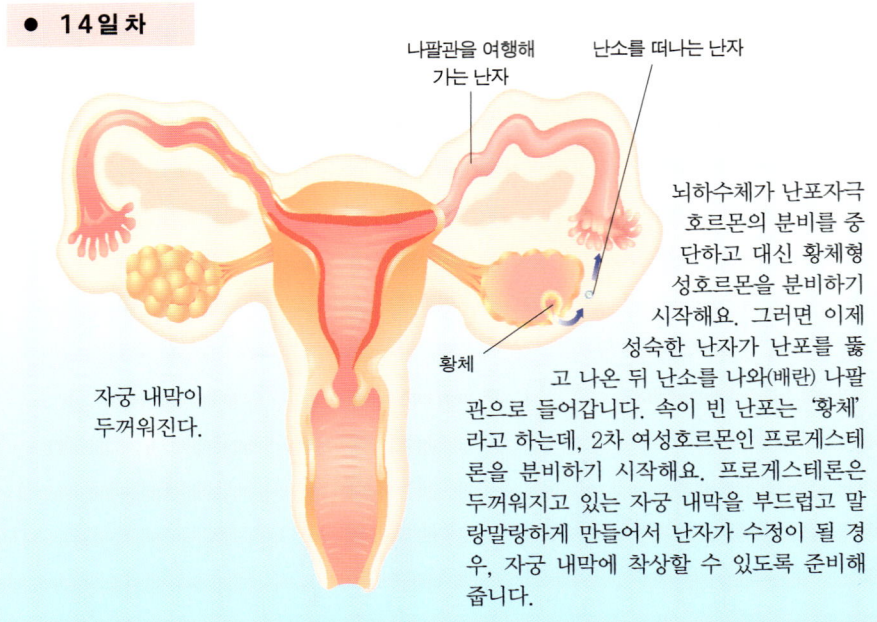

나팔관을 여행해 가는 난자
난소를 떠나는 난자
황체
자궁 내막이 두꺼워진다.

뇌하수체가 난포자극호르몬의 분비를 중단하고 대신 황체형 성호르몬을 분비하기 시작해요. 그러면 이제 성숙한 난자가 난포를 뚫고 나온 뒤 난소를 나와(배란) 나팔관으로 들어갑니다. 속이 빈 난포는 '황체'라고 하는데, 2차 여성호르몬인 프로게스테론을 분비하기 시작해요. 프로게스테론은 두꺼워지고 있는 자궁 내막을 부드럽고 말랑말랑하게 만들어서 난자가 수정이 될 경우, 자궁 내막에 착상할 수 있도록 준비해 줍니다.

● 21일 차

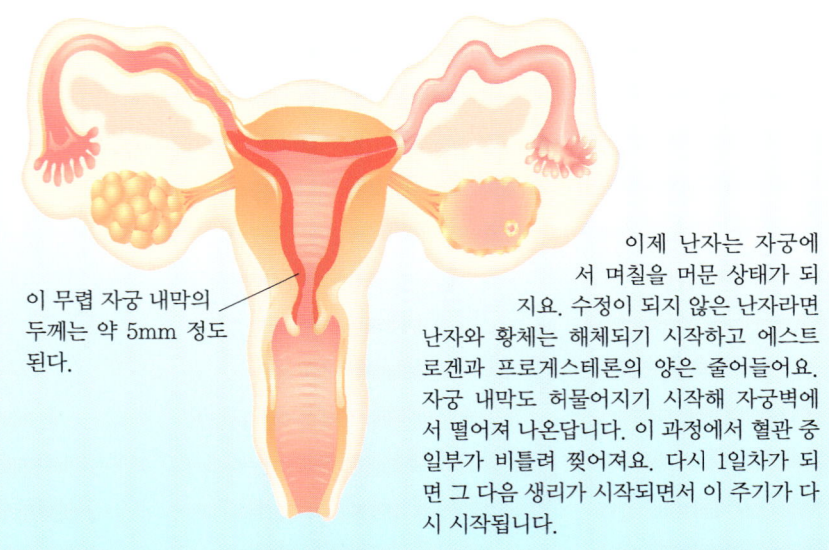

이 무렵 자궁 내막의 두께는 약 5mm 정도 된다.

이제 난자는 자궁에서 며칠을 머문 상태가 되지요. 수정이 되지 않은 난자라면 난자와 황체는 해체되기 시작하고 에스트로겐과 프로게스테론의 양은 줄어들어요. 자궁 내막도 허물어지기 시작해 자궁벽에서 떨어져 나온답니다. 이 과정에서 혈관 중 일부가 비틀려 찢어져요. 다시 1일차가 되면 그 다음 생리가 시작되면서 이 주기가 다시 시작됩니다.

● 빈도와 지속 기간

여성은 약 4주(28일)에 한 번씩 생리를 합니다. 하지만 이 주기는 사람에 따라 약 20일에서 35일까지 다양하고, 같은 사람이라고 해도 다달이 다를 수가 있어요. 생리는 한 번 하면 보통 2일에서 8일 정도 지속되지만, 평균적으로 5일 정도 됩니다.

난소 안에 들어 있는 난자를 확대해서 본 사진. 난자의 실제 크기는 마침표(.) 정도 밖에는 안 돼요. 난자 주위의 파란 덩어리들은 난자가 발달하는 동안 난자에게 영양을 공급해 주는 세포입니다.

● 생리혈의 양

생리를 할 때는 피만 빠져 나가는 것 같지만, 생리혈은 사실 자궁 내막에서 떨어져 나온 세포로 이루어져 있어요. 이 세포에 피가 묻고 자궁 경부에서 나오는 끈적끈적한 분비물이 섞이는 거예요. 생리혈은 자궁 내막이 자궁벽에서 떨어져 나올 때 작은 혈관들이 찢어지면서 여기에서 흘러 나오게 되는 거죠. 평균 생리를 한 번 할 때 나오는 생리혈은 2~4숟가락 정도 되는 양이에요.

● 생리대의 선택

생리혈을 흡수하기 위해서는 생리대나 탐폰을 사용할 수 있어요. 생리대는 생리혈이 질구에서 몸 밖으로 나갈 때 흡수해 주는 반면, 탐폰은 질 안에 넣어서 생리혈이 몸 밖으로 나가기 전에 흡수하는 방식이에요.

생리대나 탐폰은 꽤 비싼데, 잡지 같은 데서 무료로 샘플을 주겠다는 광고가 나오면 신청해 보는 것도 좋아요. 여러 가지 다른 브랜드와 종류를 시험해 봐야 어떤 것이 자신에게 가장 잘 맞는지 알 수 있을 테니까요.

● 생리대

생리대는 일반형에서 특대형까지 그 크기가 여러 가지로 나오기 때문에 자기 몸에 맞는 것을 고를 수 있어요. 또 두께도 아주 얇은 것에서부터 아주 두꺼운 것까지 자신의 생리량에 따라 알맞은 것을 골라 쓸 수 있어요.

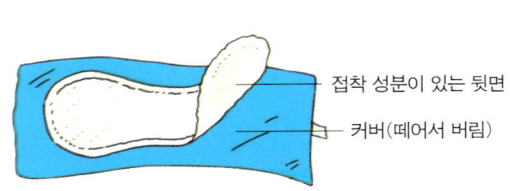 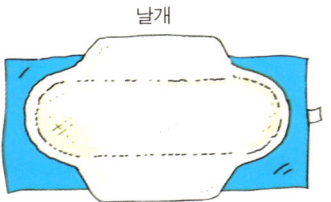

생리대는 대부분 뒷면에 접착 성분이 있어서 팬티에 움직이지 않도록 붙일 수 있게 되어 있어요. 그래서 편하게 사용할 수 있지만 생리대를 팬티에 정확한 제자리에 붙이는 데 익숙해지려면 시간이 좀 걸릴 거예요.

생리대 중에는 뒷면의 접착 성분뿐만 아니라 옆에 날개가 붙어 있는 제품도 있어요. 날개 부분은 팬티의 바깥 면에 붙여서 생리대가 움직이지 않도록 더 단단하게 고정시킬 수 있고, 흡수력도 더 높여 줍니다.

● 생리대 갈기

생리대는 생리량이 많지 않은 경우에도 몇 시간마다 갈아 주는 것이 좋아요. 생리혈은 그 자체로는 아주 깨끗하지만, 일단 몸 밖으로 나오면 공기 중에 있는 세균을 만나 냄새가 나거나, 심지어 감염을 유발할 수도 있기 때문이에요.

생리대를 화장실 변기에 그대로 넣고 물을 내리면 변기도 막히고 환경에도 좋지 않기 때문에, 비닐 봉투에 담아서 쓰레기통에 버리도록 하세요. 생리 기간 중에는 언제나 비닐 봉투를 준비해 다니다가 공중 화장실에 있는 쓰레기통을 이용하면 될 거예요. 낱개로 포장된 생리대라면 포장지에 다시 넣어서 버려도 됩니다.

● 탐 폰

생리대보다 탐폰을 선호하는 여성도 많아요. 탐폰은 일단 질 내부에 제자리에 넣기만 하면 전혀 탐폰을 하고 있다는 느낌이 없어요. 얇은 옷을 입어도 생리대 모양이 밖으로 비칠까 걱정하지 않아도 되고, 냄새가 날까 봐 신경 쓰지 않아도 되지요. 탐폰을 사용하면 그대로 목욕도 할 수 있고 수영도 할 수 있어요.

탐폰은 초소형에서 초대형까지 여러 가지 크기가 있는데, 어떤 크기를 사용할지는 신체의 크기보다는 생리량에 따라 결정해요. 탐폰에는 두 가지 종류가 있어요.

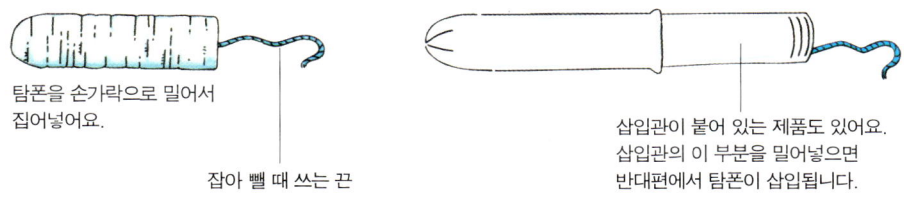

탐폰을 손가락으로 밀어서 집어넣어요.

잡아 뺄 때 쓰는 끈

삽입관이 붙어 있는 제품도 있어요. 삽입관의 이 부분을 밀어넣으면 반대편에서 탐폰이 삽입됩니다.

● 탐폰 갈기

탐폰은 새기 시작하기 전에 부글거리는 느낌이 들거나 끈에 피가 비치는 경우가 있기는 하지만 보통은 언제 갈아 주어야 할지 생리대만큼은 쉽게 알기 어려워요. 그런 상황이 아니더라도 탐폰은 4시간이나 그 이내에 갈아 줘야 하고 밤에도 8시간 이상은 착용하고 있으면 안 돼요. 8시간 이상 잘 생각이라면 대신 생리대를 하는 게 좋아요. 탐폰을 너무 오래 착용하고 있으면 질 안에 있는 세균이 감염을 일으킬 수 있어요.

탐폰은 보통 화장실 변기에서 물을 내리면 쓸려 내려가지만 환경을 위해서는 생리대와 같은 방법으로 처리하는 것이 좋아요.

● 탐폰의 삽입

생리를 처음 시작하는 여자 아이들 중에는 탐폰을 사용하는 것을 꺼리는 경우도 있지만, 탐폰을 사용하고 싶다면 의학적으로 해가 되지 않으므로 굳이 하지 않을 이유는 없어요. 처음에는 작은 크기부터 시작하세요. 그러다가 생리량을 감당하지 못하면 언제라도 더 큰 탐폰으로 바꾸면 됩니다.

탐폰에는 사용설명서가 따라 나오는데 여기에 적힌 지시사항을 잘 읽고 그에 따라야 해요. 탐폰을 처음 착용해 보기에 가장 좋은 때는 생리량이 가장 많을 때입니다. 감염의 위험을 피하기 위해 탐폰의 포장을 풀기 전에 먼저 손을 깨끗이 씻고, 혹시 바닥에 떨어뜨리는 경우에는 그 탐폰은 사용하지 마세요. 탐폰이 삽

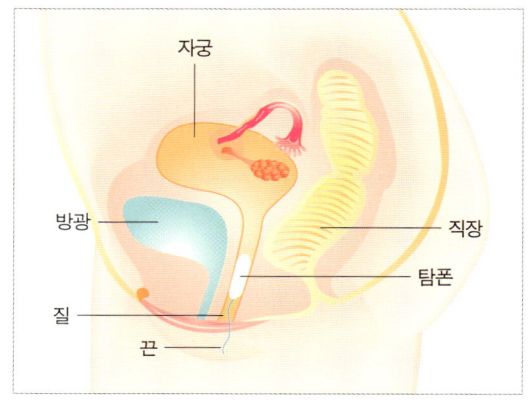

입되지 않는다면 처녀막이 아직 상당 부분 그대로 남아 있어서 그럴 수도 있지만, 긴장을 풀지 못해서 그랬을 가능성이 더 큽니다. 그러면 다음에 한 번 더 시도해 보세요.

● 독성 쇼크 증후군

이 병은 아주 드물게 발생하기는 하지만 심각한 질병인데, 이런 사례의 절반 정도는 탐폰을 처음 사용하는 젊은 여성들에게 발생해요. 탐폰 설명서를 보고 증상이 어떤지, 증상이 나타날 경우 어떻게 해야 하는지 알아 두어요.

독성 쇼크에 걸리지 않으려면 가능한 한 가장 작은 탐폰을 사용하고 자주 갈아 주되 한 번씩, 특히 밤이나 생리량이 적을 때는 생리대로 교체해서 사용하는 게 좋아요. 그리고 생리를 하지 않을 때는 절대 탐폰을 사용하지 말고 평소에는 열과 습기를 피해서 보관하는 게 좋아요.

● 생리 기간의 준비

생리가 시작되었다는 사실을 처음 아는 것은 대부분 화장실에 갔을 때예요. 처음에는 생리가 불규칙하기 때문에 만일을 대비해 언제나 생리대나 탐폰을 가지고 다니는 것이 좋습니다. 낱개로 포장된 생리대는 가지고 다니기에도 좋지요.

생리가 시작될 즈음에는 팬티 라이너를 착용하는 사람도 있어요. 팬티 라이너는 말하자면 아주 작고 얇은 생리대라고 할 수 있는데, 좁다란 띠처럼 생긴 팬티 라이너도 있어요. 물론 이런 건 많은 생리혈을 감당할 수는 없겠지요.

 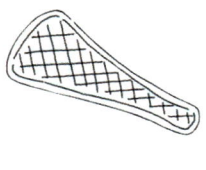

포장된 상태의 팬티 라이너   띠 모양의 팬티 라이너

만약 집 밖에서 생리가 시작되는 것을 느꼈다면, 화장실 부근에 있는 생리대나 탐폰이 나오는 자동판매기를 이용하세요. 학교라면 학교 양호 선생님이 도와 줄 거예요. 정말 급한 경우라면 아무것도 사용하지 않는 것보다 티슈나 키친 타월, 또는 두루마리 화장지 뭉친 것이라도 사용하는 것이 좋아요.

● 민망할 때

처음에는 주변 사람들이 여러분을 보기만 해도 여러분이 생리 중인 것을 다 알게 될 것처럼 느껴질지도 몰라요. 하지만 사실은 그렇지 않아요. 그렇다 하더라도 혹시 생리혈이 비칠 경우를 대비해서 좀 헐렁한 바지나 어두운 색 계열의 바지를 입는다면 신경이 덜 쓰일 거예요.

만약 실제로 생리혈이 새기 시작한다면 점퍼를 벗어서 허리에 두르거나 치마인 경우에는 뒤쪽을 앞으로 돌려 입으면 사람들이 치마 앞쪽에 뭘 떨어뜨린 자국으로 생각할 거예요.

● 목욕과 수영

생리 중에 목욕을 해도 괜찮아요. 물 속에 들어가 있는 동안에는 생리혈이 그렇게 빠르게 흘러나오지 않으니까요. 욕조에서 나올 때는 다리 사이에 두루마리 화장지 뭉치를 끼워서 목욕 수건에 생리혈이 묻지 않게만 하세요. 성기 부분을 어떻게 청결히 관리할 것인지에 대해서는 101쪽에 자세히 나와 있어요.

수영을 하고 싶다면 굳이 하지 말아야 할 이유는 없지만, 탐폰을 착용해요.

● 생리에 대한 미신

지난 몇 백 년 동안 생리에 대해서는 많은 미신이 있었어요. 대부분은 생리의 원인을 제대로 알지 못했던 시절에서부터 유래한 것이지요. 일부 미신은 최근까지도 남아 있어서, 예를 들면 생리 중에는 머리를 감지 말아야 한다든가 아이스크림을 먹으면 안 된다든가 하는 믿음이 있어요. 하지만 사실 생리 중이라도 종교적인 이유만 아니라면 평소에 하던 모든 일을 그대로 다 할 수 있어요.

● 생리와 임신

여자는 임신 중에는 생리를 하지 않아요. 만약 생리가 예정된 날짜에 나오지 않고 지난 번에 마지막으로 생리를 한 이후에 성관계를 가졌다면, 임신했을 가능성이 있으므로 확실히 알기 위해 임신 테스트를 해 볼 필요가 있어요.

● 생리에 대한 대처

생리를 하는 것은 질병이 아니라 지극히 정상적이고 건강한 과정의 하나이며, 생리 중에 아무런 문제도 못 느끼는 사람도 많아요. 하지만 여성호르몬의 주기는 아주 복잡하답니다. 남자의 성호르몬 양은 크게 달라지지 않지만, 여성의 성호르몬은 주기의 전반에 걸쳐 매일 변해요. 호르몬은 혈액에 섞여서 운반되기 때문에 생식 기관뿐만 아니라 신체의 다른 기관에도 영향을 미칩니다. 그래서 생리 전이나 생리 기간 중에 평소의 자신과는 다르다고 느껴지는 경우도 있어요.

● 생리통

생리가 시작될 때 아랫배가 쑤시거나 죄는 듯한 통증을 느끼는 사람이 꽤 많아요. 의사 선생님들은 그 이유가 자궁의 근육을 수축하게 만드는 호르몬의 작용 때문이라고 생각합니다.

통증이 약할 경우에는 운동을 하는 것이 좋아요. 통증이 심할 경우에는 진통제를 먹거나 뜨거운 물을 담은 병을 배에 껴안고 누워 있어도 좋아요. 매달 생리를 할 때마다 정말 심한 생리통에 시달려서 평상시에 하는 일(학교 가기, 스포츠 활동, 주말에 놀러 가기 등)을 못할 정도라면 병원에 가서 의사 선생님과 상담을 해 보세요.

● 생리량이 많을 경우

일반적으로 생리는 아주 조금씩 시작해서 며칠 정도 양이 많아졌다가 생리가 끝나 가면서 또 양이 줄어들어요. 사람에 따라 생리량이 아주 적은 경우도 있고 생리 기간 내내 생리량이 많은 사람도 있는데, 이는 모두 지극히 정상적인 일이에요.

하지만 정말 생리량이 많을 경우에는 빈혈 증세(피로, 창백한 얼굴, 숨가쁨 등)가 나타날 수 있어요. 이틀 이상 가장 큰 사이즈의 생리대나 탐폰이 하루에 6개 이상 다 젖거나 생리가 7일 이상 지속될 때는 의사 선생님과 상의해 보는 게 좋아요.

● 생리전증후군

어떤 사람은 생리가 시작되기 전에 며칠 동안 생리전증후군으로 고생을 하기도 해요. 생리전긴장증상이라고도 하는 생리전증후군은 호르몬 분비량의 변화로 발생하는 것으로 짐작되고 있어요. 증상으로는 통증, 가슴이 붓거나 특히 복부가 부풀어오르고 무거운 느낌, 두통, 발진, 피곤함, 짜증스럽거나 우울한 느낌 등이에요. 확실하게 증명된 의학적인 치료법은 없지만, 건강식을 하면 도움이 되기도 하고(76~83쪽을 참조하세요), 하루 종일 적게 먹되 자주 먹는 방법도 좋아요. 운동을 하거나 잠을 좀 더 자는 것도 낫는 데 도움이 될 거예요.

● 생리불순

생리가 불규칙한 것은 꼭 문제라고 볼 일은 아니에요. 생리를 시작한 첫 해나 그 다음해까지 생리가 불규칙하게 나오는 일은 보통 있는 일이에요. 이것은 여러분의 호르몬이 아직 규칙적인 리듬을 타지 못해서 생기는 일이랍니다. 심지어는 몇 달을 걸러서 생리를 하는 경우도 있어요. 생리불순의 다른 원인으로는 질병, 과도한 살 빼기, 화를 내거나 초조해 하거나 스트레스를 받는 경우 등이 있고, 또는 정해진 일상생활에 변화가 생기기만 해도 생리불순이 생기는 경우도 있어요.

여성호르몬인 프로게스테론의 결정을 착색한 후 확대한 사진.

9. 남성의 생식 기관

　남성의 생식 기관은 커 가는 과정이 눈에 보이기 때문에 언제 자신의 생식 기관이 발달하고 있는지 쉽게 알 수 있어요. 먼저 고환이 크기 시작하고 1년 정도 뒤에 음경이 크기 시작하지요. 아래 그림은 앞에서 본 남성의 생식 기관 모습인데, 각 부분을 한 번에 다 볼 수 있도록 그려 놓았어요.

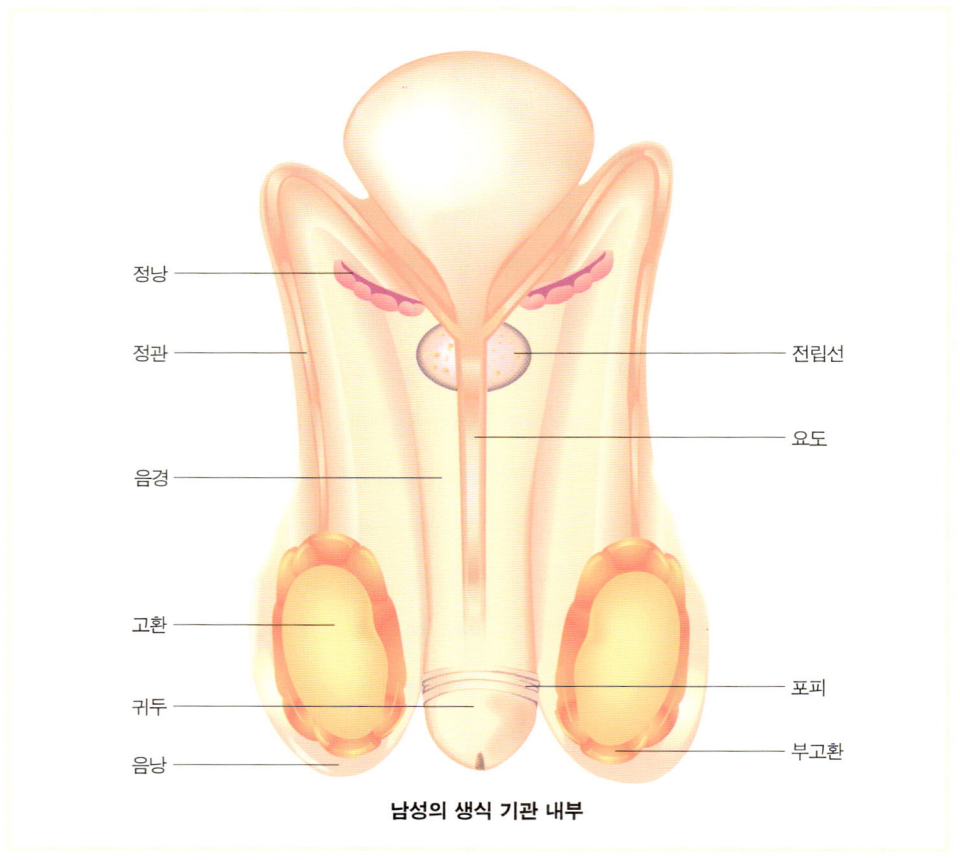

남성의 생식 기관 내부

고환 _ 남성의 고환은 여성의 난소에 해당하지요. 고환에서는 정자와 남성호르몬인 테스토스테론이 생성됩니다. 고환의 크기는 작은 자두만큼 하고, 보통 왼쪽 고환이 오른쪽 고환보다 낮게 매달려 있어요.
정자는 사춘기부터 시작해서 고환에 있는 작은 관 안에서 항상 만들어집니다. 정자가 만들어지기까지는 두 달이 넘게 걸리는데, 매일 수백만 마리가 생성되어요. 고환은 난소와는 달리 중년이 되어서도 정자를 생산하는 것을 멈추지 않으며, 양은 줄어들어도 노년에 이르기까지 정자의 생성은 계속된답니다. 즉 남성은 여성보다 더 오래 아기를 가질 수 있는 상태가 지속된다는 뜻이 되지요.

음낭 _ 고환은 음낭이라는 자루 같이 생긴 주름지고 헐렁한 피부 안에 자리잡고 있어요. 고환은 복부 외부로 나와 있는데, 이것은 정자가 일반적인 체내 온도보다 약 2℃ 정도 낮은 온도에서만 생성이 되기 때문이에요. 고환이 추위에 노출되면 음낭의 피부가 쪼그라들면서 고환을 몸 쪽으로 더 가까이 붙여 온기를 유지할 수 있게 합니다.

부고환 _ 부고환은 고환 뒤쪽에 돌돌 말려 있는 관이에요. 부고환 하나의 길이는 쭉 펴면 약 6m 정도 되지요. 정자는 고환에서 부고환으로 이동해 이 곳에서 약 2주일 동안 성숙된답니다.

정관 _ 길이가 40cm쯤 되는 두 개의 관으로, 부고환에서 위로 골반 안쪽으로 이어져 있고 거기서 방광에서 나오는 요도와 연결되어 있어요. 정관은 근육으로 되어 있고 끈 정도의 두께예요. 정자는 이 정관을 따라 부고환에서 음경으로 이동하지요.

정낭 _ 정관 끝에 있으며, 정액을 생산해요.

전립선 _ 호두 정도 되는 크기로, 정자가 움직이는 데 도움을 주는 분비액을 만들어냅니다.

요도 _ 남성의 요도는 여성의 요도보다 길이가 길며 다음 두 가지 역할을 해요. 하나는 소변을 몸 밖으로 나르는 역할을 하고, 다른 하나는 성적인 흥분 상태에서 정액을 나르는 역할을 하지요. 정액은 정낭과 전립선에서 생성된 분비액과 정자가 섞여 있는 물질이랍니다.

음경 _ 일반적인 상태에서 음경은 상당히 작고 부드러워요. 하지만 성적으로 흥분하게 되면 평소보다 많은 혈액이 음경으로 흘러들어가고, 나오는 혈액은 적어져 크기가 커지고 딱딱해지며 몸에서 떨어져서 일어나게 됩니다(발기). 즉 여성의 질에 삽입될 수 있는 상태가 되는 거지요. 질 속에서 정자가 방출되면 임신이 될 수 있어요.

귀두 _ 음경 끝 부분을 말하는데, 남성의 성기에서 가장 민감한 부분이에요.

포피 _ 음경의 귀두를 덮고 있는 피부 주름이에요. 포피에 덮여 있는 귀두에서는 '구지'라는 크림 같은 흰색 물질이 생성되는데, 이것은 포피가 귀두 위에서 부드럽게 뒤로 벗겨지도록 해 주어요.

● 생식 기관의 위치

아래 그림은 남성의 생식 기관의 그림입니다.

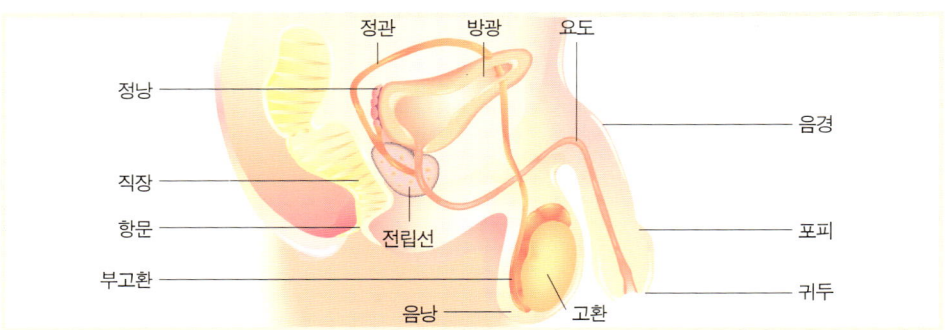

● 할례와 포경 수술

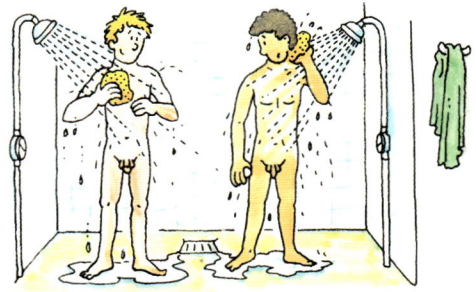

유대교나 이슬람교 같은 일부 종교에서는 사내 아이의 포피를 수술로 잘라 내는 풍습이 있어요. 이것을 할례라고 해요.

또 일부 국가에서는 위생상의 이유로 수술로 포피를 잘라 내는 관행이 일반화되어 있어요. 포피를 그대로 두면 포피 안에 구지가 쌓여 냄새가 나고 감염을 일으키는 경우도 있기 때문이에요. 하지만 포경 수술을 하지 않더라도 매일 포피를 뒤로 벗겨서 부드럽게 물로 씻어 주면 이러한 문제를 피할 수 있답니다.

● 음경의 크기

발기하지 않은 음경의 크기는 사람마다 다르고, 또 신체의 크기와는 아무런 상관이 없어요. 남자 아이들 중에는 자기 음경이 작은 것 같다고 걱정하는 경우도 있는데, 음경이 작더라도 발기할 때는 대개 큰 음경보다 크기가 더 많이 커지기 때문에 발기한 상태에서 음경의 차이는 훨씬 더 적어집니다. 발기한 성기의 평균적인 길이는 12.5~15.25cm예요(한국 사람의 평균 길이는 9~12cm라고 해요-옮긴이). 어쨌든, 대다수 여성들은 크기보다 자신의 파트너가 얼마나 정답게 자신을 사랑해 주는지에 더 관심이 있답니다.

10. 성관계

성호르몬의 분비량이 증가하고 생식 기관이 성숙해 가면서 여러분은 성적인 감정을 더 많이 인식하게 됩니다. 이는 보통 자신의 몸과 감정에 대한 인식으로부터 시작되며, 이런 인식은 이성에 대한 관심으로 발전하게 됩니다. 이런 의식은 처음에는 꿈과 상상의 형태로 나타나기 쉽습니다. 그러다가 나중에는 육체적인 접촉과 최종적으로는 성관계에 대한 욕망이 되지요.

많은 나라에서 성교(57~58쪽을 참조하세요)는 일정한 연령 이하에서는 불법입니다. 이 나이를 '승낙 연령'이라고 하는데, 예를 들면 영국에서는 16세입니다. 그렇다고 승낙 연령에 도달했다고 해서 여러분이 반드시 성관계를 해야 하는 것은 아니에요. 여러분이 완전히 준비가 되었다고 느끼고, 또 임신과 질병 등 성관계에 따르는 모든 결과를 다 고려했다고 여기기 전에 다른 사람의 압력을 받아서 성관계를 해서는 안 되는 것이지요.

● 상상

사춘기 때는 성에 대한 상상을 하는 경우가 많아요. 자신들이 아는 사람에 대해 상상을 하거나 가수나 영화 배우처럼 유명한 연예인을 대상으로 상상을 하는 사람도 있고, 완전히 머릿속으로 만들어 낸 인물에 대해 상상을 하는 사람도 있어요. 그런 상상 가운데 어떤 상상은 놀랍거나 심란한 형태의 상상도 있을 수 있어요. 하지만 이것은 염려할 일은 아니에요. 상상은 실제로는 해서는 안 될 일을 상상 속에서 해 보는 기회를 주기 때문이에요.

● 민망한 발기

사춘기를 맞은 남자 아이들은 아무 때나 발기를 하는 바람에 어색한 순간을 맞이하는 경우가 많아요. 발기는 대부분 성적인 생각, 예를 들어 상상 속에서 떠올리던 사람을 직접 만난다거나 하는 경우에 생기지요. 또는 기차의 진동과 같은 우연한 자극이 성기에 전해졌을 때 발기가 되기도 해요. 발기를 가라앉히는 가장 좋은 방법은 무언가 다른 것에 대해 생각을 집중하는 것입니다.

남자들이 아침에 일어나면 발기가 되어 있는 것을 발견하는 것은 아주 흔한 일입니다. 이것은 꿈 때문인데, 꼭 성에 관한 꿈을 꾸기 때문에 발기하는 것은 아닙니다.

● 몽정

몽정은 사춘기를 맞은 남자 아이들에게 일반적인 현상입니다. 잠을 자고 있는 동안 성기가 발기해서 정액이 음경 밖으로 분출 (사정)되는 것을 말합니다. 몽정은 꿈을 꾸는 동안에 하게 되는데, 이 꿈은 꼭 성에 대한 것만은 아니에요. 몽정은 전혀 걱정할 필요가 없어요. 단지 몸이 신체에 일어나는 새로운 변화에 익숙해지는 과정일 뿐이에요.

몽정으로 침대 시트에 얼룩이 묻는 것이 민망하게 느껴진다면 비누와 찬물로 얼룩진 부분만 지르잡거나 화장지를 침대 곁에 두었다가 닦아 내면 됩니다.

● 키스, 애무하기

1. 사람들은 대부분 가족이나 가까운 친구와 쓰다듬기나 입맞춤 같은 성적인 의미가 없는 육체적인 접촉을 많이 하게 됩니다.

1. 몸에서 성적으로 가장 민감한 부분을 성감대라고 합니다. 성감대에는 성기, 입술, 유방, 엉덩이 등이 있지만 귓불이나 발, 또는 다른 부위가 성적으로 민감한 사람도 있습니다.

3. 성적인 의미가 담긴 키스나 어루만지기를 애무라고 합니다. 애무에는 보통 한 사람이 자기 혀를 상대방의 입에, 또는 두 사람 모두 혀를 상대방 입에 넣는 '딥 키스(프렌치 키스라고도 해요)'가 따르게 됩니다.

성적인 접촉은 평상시라면 만지지 않을 상대의 신체 부위를 만지거나 쓰다듬는 행위를 말해요. 유방이나 성기 등과 같은 성감대를 가장 많이 만지게 됩니다. 성적인 의미가 담긴 키스나 애무는 양 당사자에게 강렬한 쾌감을 불러일으키며 성교를 하고 싶은 욕구로 이어지기도 합니다. 하지만 애무가 반드시 성관계로 끝나는 것은 아니고, 그 자체만으로도 쾌감을 주는 행위로서 거기서 끝낼 수도 있습니다.

● 자위

자위란 성기를 만짐으로써 자신이나 다른 사람에게 성적인 기쁨을 주는 행위를 말합니다.

남자는 일반적으로 손으로 음경을 위 아래로 율동감 있게 마찰을 시켜서 자위를 하고, 여자는 보통 손가락으로 음핵 주변을 율동감 있게 쓰다듬어서 자위를 합니다.

  예를 들면 과거에는 자위를 하면 눈이 먼다는 등 자위가 몸에 좋지 않은 영향을 미친다는 잘못된 생각이 많이 퍼져 있었어요. 하지만 자위는 늘 자위에 몰두해 있는 경우를 제외하고는 건강에 해로운 것은 아니에요.

  자위를 하다 보면 남녀를 불문하고 성적인 흥분의 절정을 의미하는 오르가슴에 이르는 경우가 있어요. 오르가슴은 생식 기관에서 잠깐씩 근육 경련(수축)이 몇 차례 연속으로 일어나는 현상인데, 근육 경련이 일어날 때는 가슴이 크게 뛰고 흥분이 되면서 이 느낌이 몸 전체에 퍼져 나가고 극도의 쾌감 이후에 감정이 이완되는 느낌이 따릅니다.

  남자는 이런 오르가슴의 근육 수축으로 인해 음경에서 정액을 사정하게 됩니다(58쪽을 참조하세요).

● 성교

1. 엄밀하게 말해 성교는 남자의 음경이 여자의 질에 들어가는 순간부터 시작되고 음경이 질에서 빠지는 순간에 끝납니다. 하지만 성교 또는 성행위를 할 때는 거의 언제나 전희라고 하는 키스, 애무하기 등으로 시작합니다.

2. 일단 음경이 질 속에 삽입되면 성교를 하는 한쪽이나 양 당사자가 엉덩이를 움직여서 음경이 반복적으로 질에서 미끄러져 들어갔다 나왔다 하게 해 줍니다. 이렇게 하면 쾌감이 일어나게 됩니다. 이 단계는 리듬의 변화와 휴식 시간에 따라 일 분 이내에서 몇 분까지 지속될 수 있습니다.

3. 음경과 음핵에 가해지는 자극으로 인해 최종적으로는 오르가슴이 일

어납니다. 오르가슴은 성교시 한쪽이 다른 쪽보다 먼저 이를 수도 있고, 양 당사자가 동시에 오르가슴에 도달할 수도 있습니다.

4. 오르가슴은 특히 여성에게는 성 행위를 할 때마다 생기는 것은 아니에요. 남자가 오르가슴에 달할 때는 음경에서 정액이 나와 여성을 임신에 이르게 할 수 있습니다.

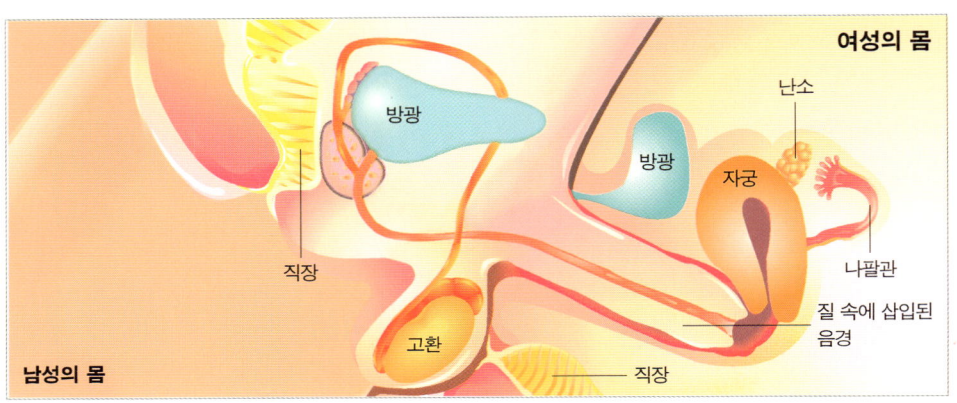

● 신체상의 변화

성적인 흥분 상태는 신체 전반에 걸쳐 많은 변화를 불러 옵니다.

여성의 신체에서는 질 내부에서 윤활액이 분비되어 음경이 더 쉽게 질에 들어갈 수 있게 해 줍니다. 여자의 유방도 더 커지고 젖꼭지가 발기하기도 해요.

남자의 신체 변화를 보면 음경이 커지면서 딱딱해지고 몸에서 떨어져 위로 향해(발기) 질에 삽입할 수 있는 상태가 됩니다. 고환은 부풀어오르고 몸쪽으로 더 바싹 당겨 붙습니다.

남성과 여성 모두에게 공통적으로 일어나는 신체 변화로는 몸 전체의 근육이 단단해지고 심장의 박동은 빨라지며, 혈압은 상승하고 호흡은 빠르고 얕아지는 현상을 들 수 있습니다. 또 얼굴은 상기되는 것이 보통입니다.

● 사정

오르가슴을 느낄 때 남자의 음경에서 나오는 정액은 정자와 정낭과 전립선(50~52쪽을 참조하세요)에서 생성되는 분비물이 결합된 물질입니다.

음경에서 사정할 때 나오는 정액의 양은 평균적으로 티스푼 하나 분량 정도밖에 되지 않지만, 여기에는 수억 마리의 정자가 들어 있습니다.

오르가슴 때는 근육이 수축하면서 고환에 있는 정자의 보관 장소에서 정관을 통해 요도까지 정자를 밀어 내는데, 요도는 방광에서 음경 끝까지 연결되어 있습니다. 방광 기저부 주위에 있는 근육은 일종의 밸브 역할을 해서 사정으로 요도를 통해 정액이 나올 때 소변이 따라 나오지 않도록 막아주는 기능을 합니다.

● 성관계와 감정

성관계는 단순히 육체적인 감각의 문제만은 아니고, 아주 강한 감정도 가져오게 됩니다. 성관계에 대한 사람들의 생각은 상대방과 감정적으로 어떻게 관계되어 있고 상대방을 얼마나 신뢰하느냐에 따라 많이 다릅니다. 성관계와 관련해서 발생하는 문제는 대개 감정에서 비롯한 경우가 많습니다. 불안감, 수줍음, 두려움, 불행감 같은 감정은 모두 신체에도 영향을 줍니다. 두 당사자가 어느 문제든 그에 대해 서로 이야기를 나누는 것은 문제 해결의 가장 좋은 방법입니다.

처음 성교를 하는 여자는 음경이 처녀막(34쪽을 참조하세요)을 뚫고 들어올 때 약간의 통증과 출혈을 경험하게 됩니다.

● 성관계와 임신

성교를 하게 되면 여성은 특별한 예방 대책을 마련해 두지 않은 한 항상 임신을 할 가능성을 맞게 되지요. 이런 예방 대책을 피임(임신을 피한다는 뜻)이라고 합니다. 62~70쪽에서는 피임에 대해 좀 더 자세히 설명하고 있습니다.

● 거부할 수 있는 권리

성관계는 즐거운 경험이 될 수도 있지만 정말 하고 싶지 않은데도 했다든가 완전히 준비가 되지 않은 상태에서 했다든가, 아니면 임신이나 성병에 대해 사전 대책을 세우지 않은 채 하게 될 경우에는 불쾌한 경험이 되기도 합니다.

경우에 따라서는 다른 사람에게 성관계를 갖자고 설득하거나 아예 강요하는 사람도 있을 수 있습니다. 하지만 누구에게도 성관계를 강요할 권리는 없어요. 다른 사람이 여러분의 몸을 쓰다듬거나 말을 거는 데 그에 대해 불편한 감정을 느꼈다면 그 사람에게 그만두라고 말해야 합니다. 그만두지 않고 그런 행동을 계속한다면 여러분이 신뢰하는 어른에게 가서 말하세요. 누구에게나 이런 행동을 거부할 권리가 있습니다.

● 동성애

동성애, 다른 말로 게이는 이성이 아닌 동성에게 성적인 매력을 느끼는 성향을 말해요. 여성 동성애자는 보통 레즈비언이라고 하지요. 이성에게 성적인 매력을 느끼는 사람들은 이성애자라고 합니다. 또 양성애자인 사람들도 있는데, 이성과 동성 둘 다 성적인 매력을 느끼는 사람을 말해요. 개인의 성적 성향은 일생을 통해 변할 수 있어요.

특히 사춘기에는 동성인 사람에게 강한 감정을 느끼는 일이 흔한데, 이는 아주 정상적인 일이기도 해요. 사춘기에 이런 감정을 느끼는 시기가 지나면 반드시는 아니지만 거의 이성에게 강한 매력을 느끼는 시기가 오게 됩니다.

왜 일부 사람들이 동성에게 끌리는지는 아직 정확하게 알려져 있지 않아요. 동성애자가 자신의 정체를 드러내는 '커밍아웃'을 하고 자기가 동성애자임을 밝히는 데는 보통 오랜 시간이 걸려요. 이는 이성애자 중에서 동성애에 대해서 비판적인 사람들이 있기 때문인 경우가 많은데, 이런 편견도 요즘에는 과거보다는 많이 줄어들었어요.

● 성과 인터넷

인터넷을 통해 만나는 사람은 극히 조심해야 합니다. 어린아이에 대해 비정상적인 성욕을 느끼는 어른들이 어떻게 여러분 같은 어린아이들을 만나 볼까 해서, 교묘하게 나이가 어린 척하거나 친한 척하면서 접근하는 경우가 있을 수 있기 때문이에요. 온라인 상에서는 누구에게든 자신의 이름, 전화번호, 집이나 학교 주소 등을 절대 알려 주지 말고 이메일 주소를 알려 줄 때도 미리 부모님이나 보호자에게 허락을 받도록 합니다.

11. 피임

성관계 이후에 아기를 갖게 되는 과정을 임신이라고 해요. 남녀가 임신을 피하기(피임) 위해 택하는 방법에는 여러 가지가 있습니다.

피임 방법 중에는 상대적으로 효과적인 방법이 있어요. 많은 나라에서는 주치의나 가족 계획 클리닉이나 성병 진료소를 통해 무료로 비밀을 보장하는 가운데 피임 수단을 제공하고 있습니다.

● 임신

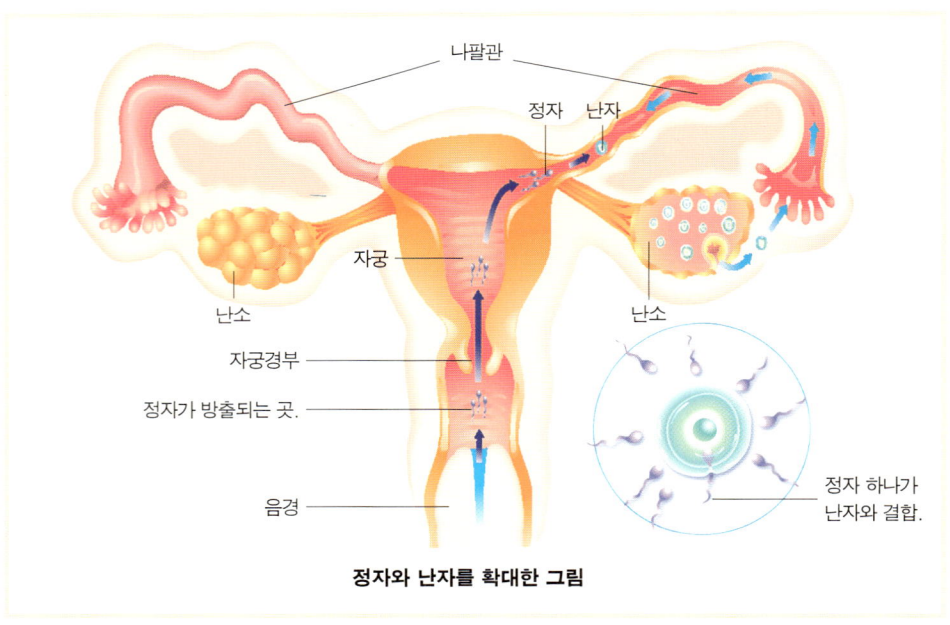

정자와 난자를 확대한 그림

성교 중에 남자가 여자의 질 속에서 사정을 하면 수억 마리에 달하는 정자가 자궁 경부 근처에 방출됩니다. 정자들은 여기서부터 자궁 내부를 헤엄쳐 올라가 나팔관 안으로 들어가게 됩니다. 살아서 나팔관까지 도달하는 정자는 약 천 마리 정도밖에 안 됩니다. 나팔관에 난자가 있으면 정자 무리는 그 주위를 둘러싸는데 그 중 단 한 마리만 난자와 결합할 수 있어요. 이 결합의 순간을 수정이라고 하는데, 이 순간이 바로 임신의 시작이지요. 난자와 정자는 결합해서 새로운 하나의 세포를 만들어 냅니다. 이 세포가 여자의 자궁 속에서 자라고 발달해서 아기가 됩니다.

● 먹는 피임약과 붙이는 피임약

여성이 사용하는 먹는 피임약과 피부에 붙이는 피임약은 가장 효과적인 두 가지 피임 방법이에요. 먹는 피임약과 붙이는 피임약에는 에스트로겐과 프로게스토겐(프로게스테론과 유사한 호르몬)이 함유되어 있는데, 그 주된 역할은 여성의 뇌하수체에서 나오는 난포자극호르몬과 황체형성호르몬의 분비량을 감소시켜 난소에서 난자가 성숙하지 못하도록 하거나 배란이 일어나지 않도록 하는 거지요.

먹는 피임약과 붙이는 피임약은 의사나 간호사의 처방을 받아야 구입할 수 있고, 이를 사용하는 사람은 정기적인 건강 진단을 통해 피임약의 부작용이 없는지 확인해야 합니다. 부작용으로는 두통, 유방의 통증, 체중 변화 등이 있으며, 드물지만 혈전(응고된 혈액)과 같은 좀 더 심각한 상태가 나타나는 경우도 있어요. 피임약의 긍정적인 부작용으로는 생리의 양이 줄어들고 생리주기가 규칙적으로 되며, 생리통이 줄어드는 긍정적인 작용도 하지요. 그래서 생리에 문제가 있는 여성에게 특별히 피임약을 처방해 주는 경우도 있습니다.

- **프로게스토겐 단일 제제 피임약**

  이 피임약은 먹거나 붙이는 피임에 비해 효과는 덜 하지만 그 차이는 아주 미미해요. 이 피임약에는 프로게스토겐만 함유되어 있는데, 주로 여성의 자궁 경부에서 분비되는 분비액을 진하게 만들어서 정자가 뚫고 들어가기 어렵게 하는 역할을 해요.

  또 난자가 수정되더라도 착상이 되지 못하게 하는 작용도 하지요. 프로게스토겐 단일 제제 피임약은 의사나 간호사의 처방을 받아야 하며, 이것을 복용하는 사람은 정기적으로 건강 진단을 받아야 합니다. 부작용으로는 생리 불순, 발진, 유방 통증 등이 있습니다.

- **콘돔**

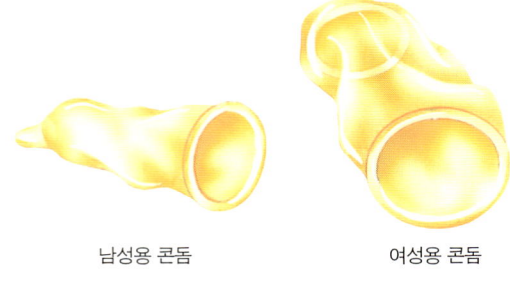

남성용 콘돔　　　　여성용 콘돔

남성용 콘돔은 성교 전에 남성의 발기한 음경에 씌워 끼우는 얇은 막으로 된 주머니예요. 남성이 사정을 하면 정액이 이 주머니 끝 부분에 담아져요. 사정을 하고 나서는 즉시 음경을 질에서 조심스럽게 빼내야 하는데, 그렇지 않으면 음경이 평상시의 크기로 줄어들면서 콘돔이 벗겨질 가능성이 있기 때문이에요.

여성용 콘돔은 질 안에 삽입해서 질 내부를 둘러싸서 성교할 때에 정액이 자궁으로 들어가지 못하도록 막는 자루 같은 기구예요. 사용할 때는 여성용 콘돔의 입구가 질 밖으로 나와 있도록 해서 음경이 콘돔 안으로 들어가도록 해야 하며, 콘돔과 질 사이를 왕복하도록 해서는 안 됩니다.

콘돔은 가족 계획 클리닉이나 성병 진료소에서 무료로 구할 수도 있고, 약국이나 슈퍼마켓에서 사거나 공중 화장실에 설치되어 있는 자판기에서도 살 수 있어요.

콘돔은 HIV를 포함한 성병(73~75쪽을 참조하세요)을 예방하는 데도 도움이 되는 유일한 피임 방법입니다.

● 다이아프램과 캡

다이아프램과 캡은 부드러운 고무나 실리콘으로 만드는데, 자궁 경부에 넣어서 정자가 자궁에 들어가지 못하게 막는 역할을 해요. 피임 효과를 제대로 발휘하려면 살정제를 발라서 사용해야 해요. 살정제는 정자를 죽이는 화학 성분이 들어 있는 크림이나 젤리 같은 물질이에요. 살정제는 그 자체만 사용해서는 별 효과가 없어요.

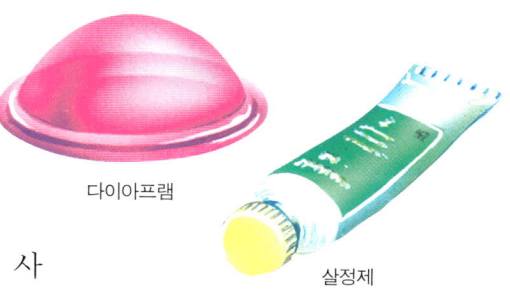

다이아프램

살정제

다이아프램이나 캡을 사용하기 위해서는 의사나 간호사를 통해 신체의 크기를 재어 봐야 합니다. 그런 다음 성교 전에 직접 자신의 몸에 삽입하고 성교를 한 뒤에도 살정제가 작용하도록 몇 시간은 그대로 몸 안에 놔둬야 해요. 다이아프램이나 캡은 제대로 삽입하기만 하면 남자나 여자나 성교 중에 아무런 이물감을 느끼지 못합니다.

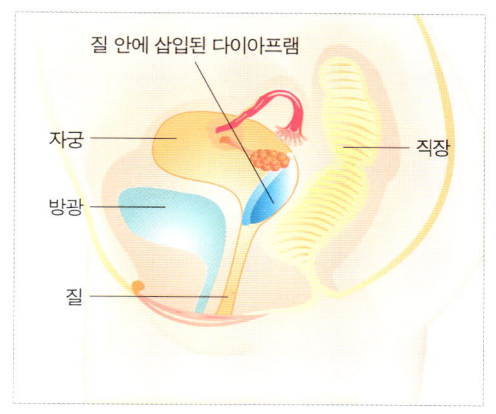

● 자궁 내 장치와 자궁 내 시스템

이 두 가지는 비슷한 피임 방식이에요. 우선 과거에는 코일이라고 불렀던 자궁 내 장치는 플라스틱과 동을 소재로 한 피임기구이고, 자궁내 시스템은 프로게스토겐을 함유한 플라스틱 장치예요. 이 두 기구는 모두 여성의 자궁에 넣어서 사용하고 주로 정자가 난자와 만나는 것을 가로막는 역할을 해요.

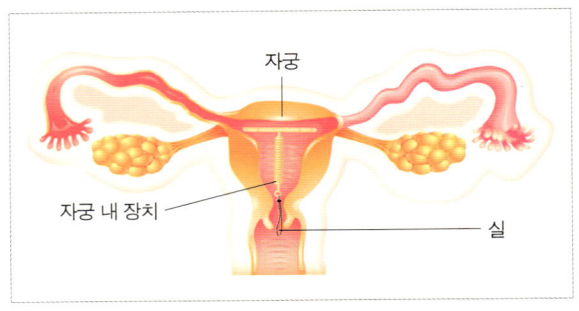

자궁 내 장치와 자궁 내 시스템은 의사나 간호사가 여성의 질을 통해 넣어 주는데, 일단 삽입하고 나면 삽입된 사실을 의식하지 못한 채 몇 년 동안 그대로 사용할 수 있어요. 사용자는 정기적으로 질 쪽으로 나와 있는 실을 만져 보아서 기구가 떨어져 나가지는 않았는지 확인하면 됩니다.

자궁 내 장치를 사용하면 생리 량이 많아지거나 통증이 생길 수 있는 반면, 자궁 내 시스템을 사용하면 생리량은 훨씬 줄어들지만 처음에는 유방 통증이 나타날 가능성이 있어요.

● 자연 피임법

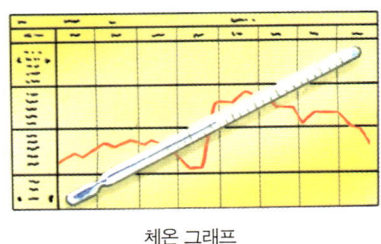

체온 그래프

난자는 배란이 된 이후 약 24시간 정도밖에는 살지 못해요. 정자는 여성의 몸 안에서 최대 7일까지 살 수 있습니다. 그러니까 배란 전 일주일 기간과 배란 후 하루 동안에 성관계를 갖지 않으면 임신이 되지 않는다는 말이지요. 하지만 문제는 배란일을 정확히 알기가 아주 어렵다는 데 있어요. 배란일은 주로 다음 세 가지 방법을 동시에 사용해서 계산하게 됩니다. 즉 여성의 지난번 생리일, 여성의 월경 주기 중에 나타나는 체온 변화 관찰, 자궁 경부에서 흐르는 점액의 변화 관찰, 이 세 가지 방법입니다. 이런 방법을 제대로 사용하려면 전문가의 도움을 받아 사용 방법을 배워야 합니다. 호르몬 양을 측정해 배란일을 비교적 정확하게 계산해 주는 기구가 있기는 하지만 상당히 비쌉니다.

● 임플란트와 피임 주사제

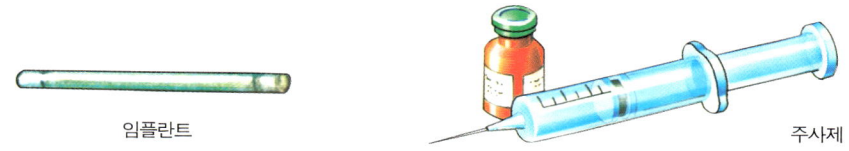

임플란트   주사제

임플란트와 피임 주사제는 효과적이고도 장기적인 피임 수단이에요. 임플란트는 작고 부드러운 재질로 된 튜브로, 의사나 간호사가 여성의 팔죽지에 삽입하는데 삽입된 임플란트에서는 프로게스토겐이 조금씩 여성의 몸으로 방출되어 난자와 정자가 만나는 것을 막아 줍니다. 임플란트는 최대 3년까지 지속되며 임플란트를 삽입한 여성은 이 기간에 정기적으로 검진을 받아야 합니다. 임플란트는 필요할 경우 중간에라도 제거할 수 있어요.

피임 주사제는 여성의 몸에 서서히 프로게스토겐을 방출해서 배란을 막아 줍니다. 한번 주사하면 두세 달 동안 지속되는데, 부작용이 있을 경우 역시 같은 기간 지속됩니다. 임플란트와 피임 주사제는 둘 다 여성의 생리에 변화를 일으키는 부작용을 낳을 수 있어요.

● 피임에 관한 오해와 진실

피임에 관해서는 많은 오해가 있는데, 여기 몇 가지를 소개합니다.

1. 남성이 사정하기 전에 질에서 음경을 빼내면 임신이 되지 않는다.
음경에서는 사정 전에도 정자가 흘러나오기 때문에 이는 사실이 아닙니다. 또 남성이 음경을 뺀 다음에라도 질 부근에서 사정을 한다면 정자가 질 안으로 들어갈 가능성도 있습니다.

2. 여성이 남성 위에 올라간 자세로 성관계를 하거나 남녀가 둘 다 서서 성관계를 하면 임신이 되지 않는다.
중력의 작용으로 자궁에까지 이르는 정자의 수가 줄어들 수는 있겠지만 그래도 많은 수의 정자가 자궁에 도달하게 됩니다.

3. 여성이 생리 중일 때는 임신이 되지 않는다.
정자는 혈액을 통해서도 움직일 수 있고 최대 7일까지 살 수 있는데다 난자가 생리 주기 초기에 나팔관으로 방출되는 경우도 있을 수 있어요.

4. 성관계 직후 여성이 화장실에 가면 임신이 되지 않는다.
질과 요도는 완전히 분리되어 있기 때문에 소변을 본다고 해서 정자가 씻겨 내려가 몸 밖으로 빠져 나가지는 않아요.

5. 여자가 처음으로 성관계를 갖거나 생리를 처음으로 시작한 직후라면 임신이 되지 않는다.
생리를 처음으로 시작한 이후에야 배란이 정상적으로 이루어지는 여성이 있는 것도 사실이지만, 일반적으로는 생리를 처음으로 시작했거나 앞둔 여성은 누구든 임신 가능성이 있다고 생각해야 합니다.

6. 여성이 오르가슴을 느끼지 않으면 임신이 되지 않는다.
오르가슴 시에 자궁이 수축하면서 정자를 빨아들이는 효과는 있겠지만,

정자는 자궁의 수축이 없어도 아주 쉽게 자궁으로 들어갑니다.

● 실패율

아래에는 각 피임법이 종류에 따라 얼마나 신뢰할 만한가를 보여 주는 도표가 나와 있어요. 도표의 수치는 여성 100명이 해당 피임법을 1년간 사용했을 때 임신을 한 여성의 퍼센트를 나타내고 있어요.

먹거나 붙이는 피임약	0%
프로게스토겐 단일 제제 피임약	1%
남성용 콘돔	2%
여성용 콘돔	5%
다이아프램 및 캡	4~10%
자궁 내 장치	1~2%
자궁 내 시스템	0%
임플란트	0%
피임 주사제	0%
자연 피임법	2~15%
피임법을 사용하지 않을 경우	80~90%

● 응급 피임

만약 잊어버리고 피임 도구를 사용하지 않았거나 예를 들어 콘돔이 찢어졌거나 할 경우에는 두 가지 응급 피임법이 있어요. 하나는 여성이 '사후 피임약' 두 알을 먹는 방법인데, 성관계 후 3일(72시간) 이내에만 복용하면 배란을 막아 주거나 수정된 난자가 자궁에 착상하는 것을 막아 줍니다. 이 약은 약국에서 사거나 의사나 진료소를 통해 무료로 받을 수도 있어요. 이 방법은 다른 피임 방법을 정기적으로 사용하는 것보다는 효과가 떨어져요. 나머지 응급 피임법 하나는 여자가 성관계 후 5일 내에 자궁내 장치를 삽입하는 것입니다.

● **임신중절**

임신중절은 피임법이 아니라 임신이 일단 시작된 이후에 이를 중단하는 방법이에요. 임신중절은 다른 말로 낙태라고도 합니다. 임신 초기에는 약을 복용해 자궁에 든 내용물을 양이 아주 많은 생리를 하듯이 질을 통해 흘려 보내고, 임신 후기에는 수술로 내용물을 빨아 내거나 긁어 내게 됩니다. 임신중절은 감염될 수 있는 위험이 있어요.

나라에 따라서는 임신중절이 위법인 곳도 있고 특정한 조건 하에서만 합법으로 규정한 곳도 있어요. 예를 들어 영국에서는 임신중절이 임신 24주까지만 합법이고, 임신 상태가 지속될 경우 임신부의 육체적·정신적 건강에 해롭다거나 아이가 장애아로 태어날 가능성이 있다는 의사 두 사람의 확인이 있어야 합니다.

12. 성 매개 감염증

성 매개 감염증은 성 매개 질환이나 성병, 또는 비뇨생식기 질환이라고도 해요. 성 매개 감염증에는 다양한 유형이 있는데 〈용어 풀이〉난에서 몇 가지 감염증에 대해 설명해 두었어요.

● 성 매개 감염증이란?

성 매개 감염증은 바이러스나 박테리아 같은 세균(미생물)이 생식 기관에 일으키는 감염증을 말해요. 사람과 사람 사이에 성적인 접촉이 있을 때 전염되는 병이에요.

● 증상

성 매개 감염증은 대개 첫 번째 증상은 거의 비슷해요. 생식기나 항문에 나타나는 가려움이나 따끔거림, 생식기나 항문 부위에 발생하는 종기, 수포, 부스럼, 발진, 고름, 화장실에서 볼일 볼 때의 통증 등이에요. 성 매개 감염증에 걸린 사람이 증상이 나타나지 않아 감염증에 걸린 사실을 모르고 상대방에게 질병을 전염시키는 경우도 있어요.

● 전염 경로

성 매개 감염증도 종류에 따라 질 성교, 항문 성교, 오럴 섹스(〈용어 풀이〉를 참조하세요), 생식기 피부 접촉 등 전염되는 성적 접촉의 종류가 달라요.

성 매개 감염증 가운데는 감염된 사람의 혈액을 통해서 전염이 되는 종류도 있어요. 그래서 같은 주사기를 사용하는 약물 사용자들은 이런 질병에 걸릴 위험성이 높고, 피어싱이나 문신, 침술 등에 사용하는 바늘은 항상 소독을 해서 쓰거나 사람마다 새 바늘로 바꾸어서 써야 해요. 입술에 하는 키스만으로 심각한 성 매개 감염증이 전염되지는 않지만, 입술 주위에 생기는 발진은 이렇게 전염이 되는 경우가 많습니다.

● **치료법**

성 매개 감염증은 조기에 치료하면 대개 완치가 가능해요. 한 가지 예외는 HIV(73쪽 내용을 참조하세요)예요. 박테리아로 인해 발생한 감염은 항생제로 치료할 수 있는 반면, 바이러스 감염은 치료는 할 수 없지만 초기 증상은 대부분 효과적으로 치료할 수 있어요. 많은 나라에서 자신이 성 매개 감염증에 걸렸을지도 모른다고 걱정하는 사람들은, 주치의 또는 근처 병원의 성 매개 감염증 진료소나 비뇨생식기 진료소에서 무료로 비밀리에 검진을 받을 수 있어요. 심지어 아직 증상이 나타나지 않은 성 매개 감염증도 검사를 통해 진단을 할 수 있어요. 성 매개 감염증은 치료를 하지 않고 내버려 두면 심각한 장기적인 질병을 일으킬 수 있답니다.

● **클라미디아**

클라미디아는 아주 흔하고도 심각한 성 매개 감염증인데, 눈에 띄는 증상이 나타나지 않는 경우라도 여성의 나팔관을 손상시켜서 장기간 고통을 주거나 여성을 불임(임신을 하지 못하는 상

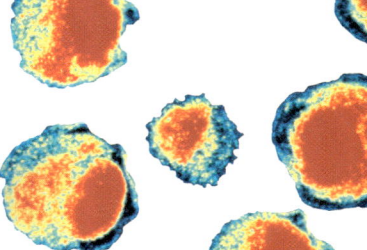

수천 배로 확대한 클라미디아 박테리아

태)으로 만들 수 있어요. 증상이 나타나지 않아도 검사로 진단이 가능해요. 클라미디아는 박테리아로 인해 발생하기 때문에 항생제로 치료해요.

● 성 매개 감염증에 걸리지 않으려면

성관계를 맺는 대상의 수가 적을수록 성 매개 감염증에 걸린 사람과 접촉하게 될 가능성은 줄어듭니다. 콘돔도 성관계를 통해 전염되는 질병의 전염을 방지하는 데 도움이 됩니다. 또 애인이 생길 경우 성관계를 시작하기 전에 의사나 진료소에서 건강 검진을 받아 보는 사람도 있어요. 날면도기나 칫솔을 다른 사람과 같이 사용하는 것은 현명한 일이 아닙니다(칫솔의 경우 이를 닦을 때 잇몸에서 피가 나는 경우가 많기 때문이에요).

● HIV

HIV는 인체 면역결핍 바이러스(Human Immunodeficiency Virus)의 약자입니다. HIV는 치료가 불가능하고 감염된 사람은 결국 사망에 이르는 경우가 많기 때문에 성 매개 감염증 중에서도 가장 심각한 병이에요.

● HIV의 작용

사람의 몸에 바이러스가 침투하면 그 사람의 몸에 있는 백혈구에서 바이러스를 공격해 죽일 수 있는 항체를 생성해 냅니다. 하지만 HIV는 이 백혈구를 파괴해서 그 사람의 신체가 감염균과 싸울 수 없게 됩니다. 따라서 HIV에 걸린 사람은 폐렴 같은 심각한 감염이나 암을 포함한 다른 질병에 걸리기도 쉬워집니다. 이렇게 되면 이 사람들은 '말기 HIV 감염증', 즉 에이즈(AIDS, 후천성 면역결핍증)에 걸렸다고 말합니다.

● HIV의 전염 경로

HIV는 정액이나 질 분비물, 혈액 같은 체액에 살아요. 사람 사이에 전염이 되는 경로는 주로 두 가지인데, 하나는 감염된 사람의 정액이나 질 분비물이 성관계 시에 다른 사람의 몸으로 들어가는 경우이고, 다른 하나는 감염된 사람의 혈액이 다른 사람의 몸으로 들어가는 경우예요. 그렇기 때문에 같은 주사기를 사용하는 약물 사용자들은 이런 질병에 걸릴 위험성이 높아요. HIV에 걸린 여성은 임신 중이나 출산할 때, 또는 모유 수유를 하는 중에 아기에게 HIV를 전염시킬 가능성이 있어요.

● HIV에 관한 의학적 연구

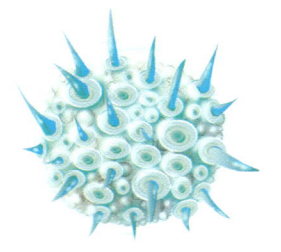

HIV 바이러스에는 이렇게 뾰족한 침이 많이 나 있어서 백혈구에 쉽게 들러붙어 공격을 가할 수 있어요.

아직까지 HIV의 치료제가 없기는 하지만 이에 대한 연구는 많이 이루어졌어요. 병원에 가면 혈액을 검사해서 혈액에 항 HIV 항체가 있는지 검사할 수 있어요. 만약 이 항체가 있는 것으로 결과가 나오면 'HIV 양성 반응'이 나왔다고 합니다.

HIV의 파괴적인 효과를 진정시키는 약이 있기는 하지만, 약의 복용이 복잡하고 또 아주 강한 약이기 때문에 부작용이 많아요. 한층 효과적인 항 HIV 약품 생산과 백신 개발을 통해 HIV에 대한 면역성을 기를 수 있도록 하기 위한 연구가 진행 중이랍니다.

● HIV의 예방

HIV에 걸린 사람과는 질 성교나 항문 성교뿐만 아니라 오럴 섹스까지도 위험해요. 콘돔을 사용하면 위험을 줄일 수 있어요. 감염된 혈액이 들어올 위험성이 있기 때문에 피부를 뚫고 들어오는 것이라면 무엇이든 소독하지 않은 것은 위험하다고 봐야 해요. 모든 피어싱 도구뿐만 아니라 문신이나 침술용 바늘도 예외가 아니에요. 약물 사용자들도 같은 주사기를 사용해서는 안 돼요.

- **HIV의 전염 경로가 아닌 경우**

HIV는 신체 외부에서는 아주 짧은 시간 동안만 생존이 가능하기 때문에, 일반적인 일상 생활 속의 접촉에서는 전염되지 않아요. 감염된 사람이나 수건, 화장실 변기 등 감염된 사람이 사용하는 물건을 만지는 것만으로는 전염되지 않아요. 예를 들어 키스를 하거나 그릇을 같이 쓴다거나 할 때의 침이나, 체액이기는 하지만 눈물이나 땀 등을 통해서는 HIV에 걸린 사례가 알려진 바 없어요. HIV가 이런 체액에서 살 수는 있지만 이를 통해서 전염되지는 않는 것으로 보여요. 수영장은 수영장 물에 있는 화학 약품 때문에 HIV가 죽기 때문에 안전해요. 많은 나라에서는 의료진이 사용하는 바늘이나 주사기는 환자가 바뀔 때 항상 새 것을 쓰거나 소독을 해서 쓰고 있고, 다른 사람에게 혈액을 수혈할 때도 수혈용 혈액을 모두 HIV 검사를 하고 있습니다.

13. 음식

건강한 식단은 어느 연령대에나 중요하지만 특히 사춘기에는 꼭 필요해요. 여러분이 먹는 음식은 여러분의 성장을 도와 주고 여러분에게 에너지를 제공해 줘요. 음식마다 체내에서 하는 역할이 다르기 때문에 모든 종류의 음식을 균형 있게 섭취할 필요가 있어요. 물 역시 빠뜨릴 수 없는 중요한 요소입니다.

● 단백질

인체는 10% 이상이 단백질이라는 물질로 이루어져 있는데, 성장과 신체의 재생 기능을 위해서는 단백질을 섭취해야 합니다. 단백질은 성장과  발달이 급속하게 이루어지는 사춘기에는 특히 더 중요해요. 단백질을 풍부하게 함유한 음식으로는 육류 살코기, 생선, 치즈, 달걀, 우유, 견과류, 땅콩 등이 있어요.

● 탄수화물

탄수화물은 인체 에너지의 대부분을 제공해 주는 영양소예요. 탄수화물에는 전분과 당

분의 두 가지 형태가 있어요. 하지만 케이크나 비스킷, 초콜릿, 아이스크림 같은 단 음식이나 당분이 들어 있는 청량음료를 먹는 것보다 빵, 감자, 쌀, 국수 등 전분 음식을 먹는 게 더 좋아요. 당분은 에너지를 주는 외에는 신체에 아무런 도움이 되지 않고 또 치아에도 나빠요.

● 지방

지방도 어느 정도 에너지원 역할을 해요. 지방에는 두 가지 종류가 있는데 육류, 버터, 크림, 동물성 마가린 등 동물성 식품에 들어 있는 포화지방과,
식물성 기름, 식물성 마가린이나 버터, 잼, 견과류 등 식물성 식품에 들어 있는 불포화지방이 있어요. 포화지방을 지나치게 많이 섭취하면 심장 질환에 걸릴 위험이 높아집니다.

● 섬유질

섬유질은 탄수화물의 일종으로 사람이 소화를 시킬 수는 없지만 식탁에서 빠져서는 안 될 음식이에요. 섬유질은 뭉쳐서 소화관을 따라 내려가면서 내장 근육이 효과적으로 일하도록 도와 주어 변비를 예방해 줍니다.

섬유질은 또한 암과 같은 심각한 내장 질병을 예방하는 데도 도움이 되어요. 채소나 과일, 통밀 빵, 껍질을 제거하지 않은 전립곡물로 만든 시리얼, 현미, 콩, 견과류 등에 들어 있어요.

● 비타민과 무기물

신체 내에서 필수적인 화학 작용이 제대로 일어나려면 소량의 비타민과 무기물이 거의 40종이나 필요합니다. 이런 비타민과 무기물을 섭취하기 위해서는 건강하고 신선한 식품을 가능한 한 다양하게 먹어야 합니다. 또 섭취량이 지나치게 많지만 않다면 영양 보충제를 통해서도 도움을 받을 수 있습니다.

칼슘은 무기물의 한 종류인데 우유나 치즈 같은 식품에 들어 있어요. 뼈와 치아를 튼튼하게 해주기 때문에 특히 사춘기에 중요한 성분이에요.

철분은 건강한 혈액에 필수적인 무기물이에요. 여성은 생리를 할 때 철분이 빠져 나가기 때문에 남성보다 철분을 더 많이 섭취할 필요가 있어요. 철분은 육류, 생선, 달걀, 아침용 시리얼, 빵 등에 들어 있어요.

염분은 선진국 국민들은 실제로 필요한 분량 이상으로 염분을 섭취하는 경우가 많습니다. 이 때문에 심장 질환의 원인이 되기도 하지만, 필수적인 무기물인 것만은 사실입니다.

● 균형 잡힌 식단

영양학자들은 음식을 다섯 가지 군으로 분류합니다.
1. 빵, 감자, 시리얼, 쌀, 국수 – 많이 먹을 것.
2. 과일과 채소 – 하루 5인분, 가능하면 그 이상 먹을 것
3. 육류, 생선, 달걀, 견과류, 콩 – 적당량 먹을 것.
4. 우유, 치즈, 요구르트 – 적당량 먹을 것.
5. 지방이나 당분을 포함한 음식 – 지나치게 많이 먹지 말 것.

● 채식

채식(육류나 생선을 먹지 않는 식사)만으로도 건강하게 생활하려면 식단을 아주 신중하게 짜야 합니다. 채식을 하는 사람들은 위의 세 번째 군에 속한 음식을 충분히 먹을 수 있도록 식단을 짜야 하며, 예를 들어 (육류가 아닌) 달걀과 채소를 통해 철분을 섭취하려면 비타민 C가 있어야 신체가 이를 흡수할 수 있다는 사실 등을 알고 있어야 합니다.

● 가공 식품

가공 식품은 어떤 식으로든 식품에 변화를 주기 위해 산업적인 공정을 거친 음식을 말합니다. 예를 들면 가열한 식품이나 토막을 낸 다음 한꺼번에 포장한 식품 등이지요. 예컨대

껍질을 제거하지 않은 전립곡물로 만든 빵, 쌀 등과 같은 자연식품은 백색 식품에 비해 가공 과정을 덜 거칩니다.

데우기만 하면 먹을 수 있도록 나온 식품은 대개 가공 식품이고, 햄버거나 피자, 비스킷, 케이크, 병으로 파는 소스 등도 마찬가지입니다.

음식은 가공하면 영양분이 손상될 뿐더러 가공 과정에서 첨가제가 들어가기도 합니다(80쪽을 참조하세요).

많은 영양학자들은 음식은 가공하지 않은 자연 상태로 먹는 것이 좋다고 합니다. 그런 음식으로는 자연 식품이 있습니다.

또 음식은 오래 놔둘수록 비타민과 무기물이 파괴되기 때문에 가급적 신선한 상태로 먹는 것이 좋다고 합니다.

● 첨가제와 살충제

가공 식품에는 인공 물질로 만든 첨가제가 포함되어 있는 경우가 많아

요. 예를 들면, 일부 색소와 감미료 등 인공 첨가제의 경우 건강에 해로워요.

살충제는 해충을 죽이기 위해서 농작물에 뿌리는데, 아주 적은 양이라도 사람에게 해롭답니다.

유기농 식품은 살충제와 첨가제를 사용하지 않고 기른 식품이지만 가격이 비쌉니다.

● 정크 푸드

정크 푸드란 영양분이 거의 없거나 전혀 없는 음식을 말합니다. 보통 당분, 지방, 염분, 또는 색소 같은 인공 첨가제가 많이 들어 있고, 먹으면 살이 찌는 음식일 경우가 많지요. 정크 푸드에는 청량음료, 사탕, 비스킷, 칩 종류를 포함한 짠맛 나는 과자류 등이 있어요.

여러분이 먹는 음식에 어떤 성분이 들어 있는지 알아보려면 라벨을 잘 읽어 보면 됩니다. 당분, 포화 지방, 염분(나트륨)이 많이 들어간 음식은 조심해야 합니다.

정크 푸드라고 해서 전적으로 멀리하는 것보다는 가끔씩만 먹되 평소에는 과일 같은 건강에 좋은 식품을 많이 먹는 것이 좋습니다.

● 아침 식사의 중요성

신체는 잠을 자는 동안에도 어느 정도 에너지를 소비합니다. 아침에 일어나면 몸에 시동을 걸고 에너지 비축분을 대체하기 위해 음식이 필요하지요. 아침 식사를 거르는 사람보다 거르지 않는 사람들이 더 효율적이고 일을 할 때 집중력이 더 뛰어난 것으로 나타났습니다.

● 칼로리

약 170 칼로리　　　약 1,000 칼로리　　　약 4,000 칼로리

　음식물을 섭취해서 얻을 수 있는 에너지의 양은 칼로리로 측정합니다. 음식마다 칼로리가 다 달라요. 어떤 사람에게 칼로리가 얼마나 필요한가 하는 것은 그 사람이 에너지를 얼마나 많이 사용하는가에 따라 달라집니다.

　사춘기를 지나는 동안에는 사용하는 에너지가 많기 때문에 거의 성인에게 필요한 만큼의 칼로리가 필요해요. 일반적으로 남성은 여성보다 몸집이 크기 때문에 에너지를 더 많이 사용하게 됩니다.

| 사춘기의 남자에게 필요한 에너지 : 하루 약 12,000 칼로리 | 사춘기의 여자에게 필요한 에너지 : 하루 약 9,000 칼로리 |

● 체중

10세

최종 몸무게의 46%　최종 몸무게의 56%

　사춘기 때는 키도 많이 크지만, 몸무게는 뼈와 내장 기관이 커지고 근육과 지방의 양이 증가하므로 키가 크는 정도보다 더 많이 늘어납니다. 여성의 경우는 여성호르몬으로 인해 남성보다 지방이 더 많이 늘어나지요. 이 지방은 임신 중에 사용할 수 있는 에너지 저장고가 됩니다. 사람마다 체격이 다 다르기 때문에 이상적인 체중을 제시하기는 쉽지 않습니다.

● 과체중

에너지로 사용되지 않은 칼로리는 신체에 지방으로 저장됩니다. 일반적으로 뚱뚱한 사람은 그렇지 않은 사람에 비해 일찍 사망하고, 심장병 등 특정한 질병에 더 많이 걸리는 경향이 있습니다.  혹시 자신이 과체중이 아닌가 생각되는 사람은 의사나 영양사와 상담을 해 보세요. 자신의 몸무게가 친구들의 평균 몸무게보다 13kg 이상 더 나간다면 살찌는 음식을 너무 많이 먹고 있다는 의미입니다.

살을 빼는 가장 좋은 방법은 각종 칩류 같은 튀긴 음식이나 단 음식, 청량음료 등의 음식을 줄이는 거예요. 밀크 셰이크나 아이스크림, 비스킷 같은 음식은 주성분이 지방과 당분이므로 피하는 것이 좋아요. 대신 섬유질을 섭취하면 살이 찌지 않고도 배를 채울 수 있지요. 특이하거나 집중적인 다이어트는 삼가는 편이 좋아요. 영양 면에서도 균형이 잡히지 않을 뿐 아니라 다이어트를 중단하면 빠졌던 살이 다시 찔 수도 있기 때문이지요.

● 섭식 장애

섭식 장애에는 크게 신경성 거식증, 신경성 대식증, 습관적 폭식증의 세 가지 종류가 있어요. 주로 여자들에게 해당되지만 남자도 이런 증상을 겪는 사람이 있습니다. 습관적 폭식 증세가 있는 사람은 지나칠 정도로 많은 양의 음식을 짧은 시간에 먹으면서도 이런 습관을 끊기 어려운 사람입니다. 나중에는 과식 습관을 창피하게 생각하게 되지만, 이 증세를 앓고 있는 사람은 극도로 과체중이 되는 경우가 많아요.

거식 증세가 있는 사람은 실제로는 살이 찌지 않았는데도 자신이 뚱뚱하다고 생각하며 살 빼기에 지나치게 집착하게 됩니다. 그 결과 너무 적게 먹어서 건강에 극히 해로울 정도로 날씬해집니다. 이 증세가 있는 사람 중에는 운동에 집착하는 사람도 있어요.

　대식증세가 있는 사람 역시 살찌는 것을 두려워하지만, 이 사람들은 굶는 대신 폭식을 한 다음에 음식을 일부러 토해 내거나 설사하는 약을 먹어서 살이 찌지 않도록 합니다. 또 폭식을 한 뒤에 며칠씩 굶기도 합니다.

　전문가들은 섭식 장애는 주로 심리적인 문제라고 보지만, 유전적인 요인도 작용을 합니다. 섭식 장애는 스트레스 때문에 발생하는 경우도 있어요.

　섭식 장애가 있는 사람들은 일반적으로 자존감이 낮고, 음식을 고통스러운 상황이나 감정에 대처하거나 스트레스를 해소하는 수단으로 사용합니다.

　거식증과 대식증 환자들은, 처음에는 음식을 엄격히 통제하는 것은 자신의 인생을 통제하기 위한 수단으로 시작하지만, 결국 자신을 통제하는 것은 섭식 장애가 될 뿐이라고 말하는 사람이 많습니다.

　서구 사회에서 날씬한 몸매에 대한 선호 경향이 섭식 장애를 부추긴다고 생각하는 사람도 있어요. 그리고 언론 매체에서 날씬한 연예인의 모습을 많이 보여 주면서, 실제로는 건강에 좋지 않을 정도로 날씬한 연예인들의 몸매를 이상적인 몸매로 보게 된다는 거지요.

　섭식 장애는 때로는 목숨을 위협할 정도로 아주 심각한 질병입니다. 섭식 장애가 있는 사람들은 위통, 발진, 수면 장애, 생리 불순이나 생리 중단 등 다양한 증상을 겪을 수 있어요. 심각한 우울증을 앓거나 성장이나 발달이 제대로 이루어지지 않거나 신체의 주요 기관이 상하게 된다거나 심지어 영양실조로 사망에 이르게 되는 경우도 있습니다.

　혹시 자신이 섭식 장애가 있다고 생각되거든 여러분이 믿고 따르는 어른에게 꼭 이야기해야 합니다. 또 친구 중에서 섭식 장애인 것 같은 사람이 있다면, 그 친구에게 가능한 한 부드럽게 여러분이 걱정하고 있다고 이야기하고, 어른과 상담하도록 설득해 보세요. 섭식 장애로 고생하고 있는 사람들은 대부분 의사나 상담 전문가의 치료에는 잘 호응하는 편인데, 의학 상담을 일찍 받으면 받을수록 치료는 더 쉬워집니다.

14. 운동

운동은 좋은 건강을 유지하는 데 필수적입니다. 사춘기에는 충분한 운동을 해서 여러분의 신체가 가능한 한 최고로 발달하도록 해야 합니다.

운동은 신체의 근육만 강하게 만드는 것이 아니라 심장(역시 근육이기는 하지만)과 폐, 뼈를 강화해 줍니다. 체력을 기르는 시기가 어리면 어릴수록 더 쉽고 나이가 들어서도 특정한 질병(특히 심장병)을 피할 가능성이 높아집니다.

● **운동의 효과**

운동에는 많은 장점이 있는데 그 중 몇 가지를 들면 다음과 같습니다.

1. 운동을 하면 신체 근육의 크기와 힘이 커져 몸이 튼튼해집니다. 운동을 하지 않으면 근육은 약화됩니다.

2. 운동을 하면 관절이 유연해져 몸이 굳지 않고 쑤시거나 결리지 않습니다.

3. 운동을 하면 심장이 튼튼해져 혈액의 공급이 더 원활하게 됩니다. 즉 심장이 힘을 덜 들이고도 일을 더 효과적으로 할 수 있다는 뜻입니다. 운

동을 게을리한 사람은 버스를 타러 뛰어가는 것만으로도 심장에 무리를 줄 수 있습니다.

4. 운동을 하면 심호흡을 하게 되므로 산소를 더 많이 들이마시게 됩니다. 여러분이 섭취하는 음식은 신체 내에서 산소와 결합해야 여러분에게 에너지를 만들어 줄 수 있습니다.

5. 운동을 하면 혈관에 탄력이 증가하고 새로운 혈관이 열려 혈액 순환이 향상됩니다. 즉 혈액으로 전달되는 음식과 산소가 신체를 더 효율적으로 돌아다닐 수 있게 됩니다.

6. 운동을 하면 뇌와 신경계가 효율적으로 작용해 더욱 빠르게 반응합니다. 또 몸을 더욱 부드럽게 움직일 수 있습니다.

7. 운동을 하면 음식에 든 칼로리를 전부 소모할 수 있어서 몸매를 날씬하게 유지할 수 있습니다.

8. 운동을 하면 마음에 여유가 생기고 스트레스를 잘 극복할 수 있게 됩니다. 전반적으로 운동을 하기 전보다 더 건강하고 기분도 좋아집니다.

● 적절한 운동

어떤 운동이라도 운동을 전혀 하지 않는 것보다는 하는 것이 낫겠지만, 일반적인 건강과 신체 단련을 위해서라면 위에서 열거한 장점을 가장 많

이 지닌 스포츠가 좋아요. 그런 운동을 예로 들면 수영, 축구, 에어로빅, 몸을 많이 움직이는 춤, 자전거 타기, 빠르게 걷기 등이 있습니다.

● **적당한 운동량**

전문가들은 매일 적어도 30분은 운동을 해야 한다고 합니다. 얼핏 들으면 많은 것 같지만 여기에는 빨리 걷기만 한다면 걷기 운동도 포함되니까 그렇게 많다고는 볼 수 없어요. 그리고 적어도 일주일에 두 번은 아주 힘들 정도로 운동해야 합니다. 지나치게 운동에 집착하거나 몸이 좋지 않을 때 운동하는 것은 몸에 오히려 해가 될 수 있습니다.

● **휴식**

휴식은 잠 같은 육체적인 쉼도 휴식이 될 수도 있고, 단순히 활동에 변화만 주는 것도 휴식이 될 수 있어요. 운동을 열심히 한 다음이라면 편히 앉아서 책을 읽거나 텔레비전을 보
는 것도 근육과 심장에 휴식을 주는 행동이 됩니다. 공부를 열심히 한 다음에는 운동을 하는 것도 두뇌를 쉬게 하는 방법이 되지요.

● **잠**

사춘기에는 잠이 많아지는 경우가 많은데, 이것은 신체의 성장이 급속도로 이루어지면서 많은 에너지를 소모하기 때문이에요. 10~14세의 경우 수면은 대부분 하루 약 10시간 정도

가 필요하고 14~18세의 경우에는 9시간 정도가 필요하지만, 사람에 따라 다를 수도 있어요. 개개인이 잠을 얼마나 자야 적당한지를 측정하는 가장 좋은 방법은 잠을 자고 일어난 뒤 얼마나 개운한 느낌이 드는가를 보는 것입니다.

　사람이 잠을 자는 이유는 제대로 밝혀져 있지 않아요. 잠을 자는 동안에 근육은 쉬고 맥박과 호흡 속도는 떨어지는 것으로 보아, 잠은 신체가 회복과 복구를 하는 시간으로 보여요. 꿈은 학습의 일부로서 여러분이 경험한 일의 의미를 파악하기 위한 하나의 수단으로 여겨집니다.

● 자세

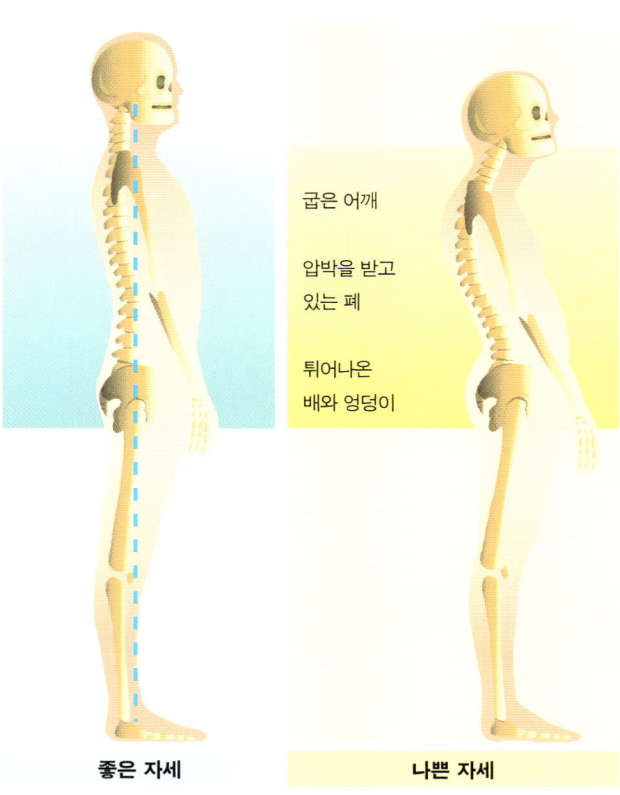

좋은 자세　　　　　　나쁜 자세

　좋은 자세는 익히기는 어렵지만 한 번 바른 자세로 서거나 앉는 법을 습득하게 되면 신체에 가해지는 압박이 줄어들기 때문에 사실은 꾸부정한 자세를 취하는 것보다 피곤을 덜 느끼게 됩니다. 위 왼쪽 그림에서 보듯 마음 속으로 가상의 수직선이 귀 바로 뒤쪽에서부터 골반을 지나 복사뼈 바로 앞에 이르도록 선 자세가 좋은 자세입니다. 오른쪽 그림은 나쁜 자세를 취할 때 몸에 어떤 압박이 가해지는지 보여 주고 있습니다.

● 신발

　　발은 20세가 되기 전까지는 완전히 모양이 형성되지 않아요. 따라서 사춘기가 지날 동안 발에 잘 맞는 신발을 신는 것이 중요합니다 신발이 너무 작으면 발이 제대로 자라지 못할 수도 있고, 너무 좁거나 끝이 뾰족하면 발에 물집이 잡히거나 엄지 발가락 안쪽에 염증이 생겨서 아플 수도 있습니다. 신발이 너무 딱딱하면 발 근육이 제대로 자라지 못하고, 하이힐을 신으면 체중의 자연스런 분산을 방해해서 발과 신체 전반에 압박이 가중됩니다.

15. 약물

약물은 신체에 변화를 가져오는 화학 물질을 말해요. 약물 중에는 질병 치료를 위한 것도 있지만 단순히 사람의 감정이나 생각, 행동에 변화를 가져오기 위해 사용하는 약물도 있어요. 모든 약물은 오용하면 해롭거나 생명에 위험을 줄 수도 있습니다.

여러분은 언젠가는 주위에서 약물을 사용해 보라는 권유를 받을 수도 있을 것입니다. 약물과 관련해서 큰 문제를 일으키고 곤경에 빠지지 않는 가장 좋은 방법은 아주 단순해요. 그냥 약물을 사용하지 않으면 되는 거지요.

● **약물과 법 규정**

자신이 가지고 있거나 다른 사람에게 팔거나 주는 행위가 불법으로 규정되어 있는 약물이 많이 있습니다. 불법 약물을 지니고 있다가 잡히는 경우 벌은 나라별로 약물의 종류에 따라 다릅니다. 예를 들어 영국에서 벌의 종류는 5년 동안 경찰 기록에 이름이 남아 있는 벌에서부터 몇 년 동안 감옥에 수감되는 벌까지 다양합니다. 나중에 취업할 때는 지원한 직장에서 지원자가 약물 관련 경찰 기록이 있는지 확인하는 경우가 많은데, 이런 기록이 있는 사람을 쉽게 받아 주지는 않겠지요.

● **합법적인 약물**

진통제나 감기약과 같이 처방전 없이도 손쉽게 살 수 있는 알약이나 가루약, 기타 약물 등도 지나치게 많은 양을 먹거나 너무 자주 먹거나 약을 섞어서 쓰면, 건강에 해를 끼치고 심하면 목숨을 잃을 수도 있습니다. 약물은 모두 인체에는 자연스럽지 않은 화학 물질입니다. 두통이 생길 경우에는 자리에 누워 잠시 휴식을 취하는 것만으로도 진통제보다 나은 효과를 볼 수 있는 경우가 많아요. 또 다른 사람 약을 증세가 비슷하다고 해서 함부로 먹으면 절대로 안 됩니다.

● 약물의 유형

약물도 종류에 따라서 먹거나 코로 들이쉬거나 연기를 마시거나 주사를 맞는 등 복용 방식도 다르고 효과도 다릅니다.

흥분제(각성제) _ 신체의 움직임을 활성화시키고 활기차고 흥분된 상태로 만들어 줍니다. 흥분제의 예로는 코카인, 크랙, 엑스타시, 파퍼, 스피드, 담배 등이 있습니다.
억제제(진정제) _ 신체의 움직임을 둔화시키고 느긋하고 나른하게 만들어 줍니다. 알코올, 본드, 가스, 에어로졸, 헤로인 등이 있습니다.
환각제 _ 환각제는 사람을 '뿅 가게' 만들어 주는 물질로 사물의 정상적인 인식을 방해해 왜곡된 형상을 보게 됩니다. LSD나 매직 머시룸 등이 환각제의 예입니다.

● 본드, 가스, 에어로졸

본드나 라이터 가스, 에어로졸 스프레이 등에 들어 있는 화학물질을 흡입하는 것도 인체에 알코올과 유사한 효과를 가져오지만 훨씬 더 위험해요. 이런 물질을 흡입하면 심장이 영향을 받기 때문에 흡입한 뒤에 갑작스럽게 사망한 사례도 많이 있어요. 비닐 봉투에

본드와 가스, 에어로졸은 잘 못 사용하면 위험합니다.

넣어서 흡입하게 되면 질식으로 사망하는 경우도 있고, 이런 물질을 직접 입 안에 분사하게 되면 인체에서 분비하는 분비액이 폐에 가득 차서 즉사

할 수 있습니다. 오랜 기간 이런 물질을 흡입하게 되면 뇌나 간, 콩팥 등에 손상을 주게 됩니다. 특히 위험한 경우는 알코올 음료를 마시면서 함께 이런 물질을 흡입하는 경우입니다.

● 마리화나

마리화나는 보통 담배처럼 말아서 사용하는데, 외관도 담배처럼 생겼고 실제로 담배처럼 흡입합니다.

마리화나는 진액 덩어리(위와 아래 사진)와 잎(오른쪽)의 두 가지 형태가 있습니다.

마리화나 담배

일반적으로 마리화나를 흡입하면 기분이 느긋해지지만, 사람에 따라서는 공포감을 느끼거나 편집증(다른 사람들이 자신의 험담을 하고 있다는 망상)을 느끼게 되는 경우도 있습니다. 중증 사용자는 항상 피곤한 상태를 느끼고 집중을 하거나 학습이나 업무를 제대로 하기 어렵게 됩니다.

마리화나는 담배와 유사한 화학 성분이 많기 때문에 담배처럼 폐에 해를 끼칩니다(94~95쪽을 참조하세요). 마리화나는 캐너비스, 도프, 간자, 그라스, 해시, 폿, 스컹크, 위드 등 다양한 이름으로 불립니다.

● 약물 사용이 건강에 미치는 위험

약물 사용에는 많은 위험이 따릅니다. 어떤 약물이 자신에게 어떤 영향을 끼칠지를 정확히 알 수 있는 사람은 아무도 없어요. 같은 약물이라도 사람에 따라 미치는 영향이 아주 다르고, 같은 사람이라도 시기에 따라 효과가 달라집니다. 불법 약물이 얼마나 성분이 강력한지, 또 정확히 그 성분이 무엇인지 알기란 불가능한데, 이것은 약물이 다른 물질과 합성되어 사용될 때가 많기 때문이에요. 여러 약물에 많은 별칭이 붙어 있어서 혼란스럽기도 하고 그런 이름은 자주 바뀌기도 해요.

약물의 부작용으로는 구역질이나 어지러움, 혼란스러움과 이에 따른 사고 위험 증가, 피로감, 불면증, 불안감, 두려움, 공포감 등이 있습니다. 엑스터시 같은 일부 약물은 처음 일 회분만 복용해도 사망에 이를 수 있고, 다른 약물도 대부분 지나치게 많은 양을 복용하면 사망할 수 있습니다.

종류가 다른 약물을 섞는 행위는 극히 위험하며 알코올에 약물을 섞는 것도 마찬가지로 위험합니다.

신체가 특정한 약에 익숙해져 내성이 생기면 동일한 효과를 보기 위해서는 복용량을 점점 더 늘려야 합니다. 복용량이 늘어날수록 그에 따르는 위험도 늘어나지요.

의존성 약물 중 많은 수가 습관성 약물로, 이를 복용하는 사람은 해당 약물에 의존하게 됩니다. 약물에 의존하는 것을 중독이라고도 하는데, 정신적인 의존의 경우에는 해당 약물이 없으면 제대로 지내기 어렵다고 느끼지만, 신체적인 의존의 경우에는 신체가 해당 약물에 길들여 있어서 약물이 없으면 행동에 장애를 일으키는 경우를 말합니다. 어느 쪽이든 약물을 버리기가 아주 어렵지요. 약물을 끊으려는 사람들은 몸이 떨리거나 불안감, 우울증, 공황 발작, 불면증, 해당 약물을 복용하고 싶은 강렬한 욕구 등 심각한 금단 증상을 경험하게 됩니다. 어떤 사람이 약물에 의존하게 될지 미리 아는 방법은 없습니다.

약물 복용은 정신적·육체적으로 다양한 장기적인 문제를 낳습니다. 사람의 건강을 해치는 것 외에도 인간 관계를 망치고 업무에 영향을 주며 약물을 계속 구입하기 위해 도둑질까지 하게 되는 경우도 있습니다.

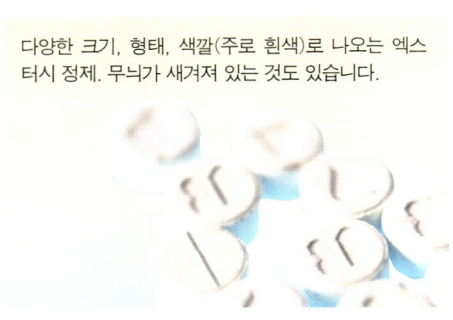

다양한 크기, 형태, 색깔(주로 흰색)로 나오는 엑스터시 정제. 무늬가 새겨져 있는 것도 있습니다.

16. 흡연과 음주

흡연과 과음은 둘 다 건강에 나쁘며, 심지어 생명에 지장을 초래하는 질병을 일으킬 수도 있어요. 담배에 들어 있는 니코틴과 알코올은 둘 다 중독성 약물이며, 니코틴은 소량이라도 중독성이 있습니다.

● **흡연**

흡연자는 비흡연자에 비해 건강하지 못하고, 그 중에서도 담배를 많이 피우는 사람은 흡연으로 인한 질병으로 죽는 사람이 대부분이에요. 비흡연자가 노출되어 있는 위험이란 간접 흡연으로 인한 위험밖에는 없습니다. 흡연으로 인한 질병이 이미 시작된 경우가 아니라면, 흡연에 따르는 위험은 금연 이후 차츰 줄어들다가 10년이 지나면 거의 사라지게 됩니다. 담배에 함유된 가장 유독한 두 가지 화학물질은 니코틴과 타르입니다.

● **니코틴**

니코틴은 뇌와 신경계에 작용하며 일부 흡연자에게 흡연으로 인한 쾌감을 주는 물질이에요. 또 흡연에 익숙하지 않은 사람이 담배를 피울 때 머리가 어질어질하고 구역질을 느끼게 되는 원인 물질이기도 하지요. 니코틴이 체내에 들어오면 심장 박동이 빨라지고 혈관이 좁아져 심장 질환과 순환기 질환의 원인이 됩니다.

● 흡연에 관한 진실

● 담배 한 대를 피울 때마다 흡연자의 생명이 14분 줄어드는 것으로 알려져 있습니다.

● 현재 담배를 피우는 모든 십대 청소년의 절반은 담배를 계속 피울 경우 담배로 인한 질병으로 죽게 됩니다. 그렇게 사망하는 십대 청소년의 절반은 일찍 죽게 됩니다.

● 암 환자 세 명 중 한 명의 발병 원인은 담배와 직접적인 관계가 있는 것으로 여겨지고 있습니다.

● 폐암 환자 10명 중 9명은 흡연자입니다.

● 담배를 피우는 사람 대부분은 처음부터 담배를 피우지 말걸 하고 생각합니다.

● 담배를 피우는 사람에게서는 나쁜 냄새가 납니다.

● 타르를 흡입한 결과

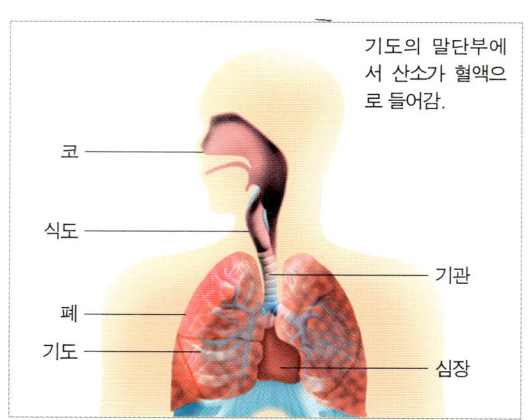

기도의 말단부에서 산소가 혈액으로 들어감.

코
식도
폐
기도
기관
심장

사람이 호흡하는 공기는 깨끗하게 걸러져서 폐의 최하부에 도달해요. 바로 이렇게 공기를 깨끗하게 거르는 역할을 하는 것이 코 안과 폐의 상부 기도에 있는 점액이라는 미끈미끈한 액상 물질이에요. 점액은 먼지와 박테리아를 붙잡아 섬모라고 하는 미세한 털의 작용으로 폐에서부터 조금씩 밀려나와서 코와 식도로 나옵니다.

담배 연기에 함유된 타르는 기도를 자극해 기도가 좁아지며, 그 결과 점액이 더 많이 생성되면서 섬모의 작용이 약해져 점액과 먼지, 박테리아가 폐에 그대로 머물게 됩니다. 이런 원인으로 이른바 '흡연자 기침'이 생기는데, 이것은 기관지염(기도의 염증) 증세이며, 이를 통해 폐가 병균에 감염되기도 합니다.

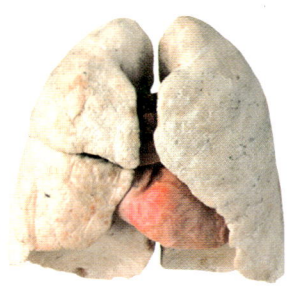

건강한 폐   타르로 검게 변한 흡연자의 폐

● 알코올

알코올은 억제제의 일종입니다. 약간 섭취할 경우 기분이 느긋해지고 자신감이 생기지만, 많은 양을 섭취할 경우에는 반응 속도가 느려지고 판단력이 흐려집니다. 그렇게 되면 사고 확률이 높아지는데, 술을 마시고 난 다음에 차를 몰거나 자전거를 타면 위험한 이유가 바로 이 때문입니다. 알코올은 또한 감정을 격화시켜 싸움에 휘말린다든가 성관계를 갖는 등 나중에 후회할 일을 하게 되기 쉬워요.

술을 많이 마신 사람은 메슥거리거나 어지럼증을 느낄 수 있고 심하면 의식을 잃을 수도 있는데, 그렇게 되면 토하다가 질식할 수도 있습니다. 또 술을 많이 마시면 다음 날 두통과 메슥거림 등 숙취로 시달리게 됩니다.

술을 마시는 사람이 술에 익숙하지 않거나 식사를 제대로 안 했거나 또는 짧은 시간 안에 술을 마시게 되면 술의 영향은 더 커집니다. 술 마시는 사람의 체격도 관계가 있어서 통상 몸집이 큰 사람은 적은 사람보다 알코올에 대한 저항력이 강한 편이에요.

● 알코올 함량

증류주 40%   포도주 13%   맥주 5%   알코팝 5%
※ 알코팝 : 알코올을 함유한 청량 음료.

주류별 알코올 함량

음주의 영향은 해당 주류의 알코올 도수와도 어느 정도 관계가 있어요. 일반적으로 말해서 위스키나 보드카 같은 증류주가 가장 높고, 그 다음으로 포도주, 그 다음으로 맥주와 알코팝 순이에요. 알코올 함량은 라벨에 퍼센트로 표시되어 있어요.

몇몇 나라에서는 정부에서 사람들이 일주일 동안 마셔도 안전한 알코올 단위의 최대치를 정해서 홍보하고 있어요. 하지만 그런 경우라도 술잔의 크기가 다르기 때문에 이 기준을 정확히 따르기란 쉽지 않아요.

● 폭음

폭음(보통 술에 취할 목적으로 한 번에 많은 양의 술을 마시는 일)은 청소년에게는 특히 위험해요. 20대 초반이 되어서야 발달이 완료되는 뇌에 해를 끼쳐 학습과 기억력에 지장을 초래할 수 있습니다.

정상적인 뇌 활동을 보여 주는 스캔 사진.   알코올 중독자의 약화된 뇌 활동을 보여 주는 스캔 사진.

● 장기적 영향

오랫동안 과음한 결과로 나타나는 현상을 살펴보면 살이 찌고(알코올의 칼로리는 상당히 높기 때문에) 위궤양이 생기고 간이 오그라들면서 손상되고(간경

변), 특정한 유형의 암이 발병하며, 뇌와 콩팥과 심장을 포함한 근육이 손상됩니다. 또 인간관계와 직업 전망에도 해를 입히는 등 정신적·사회적 문제를 일으키기도 합니다.

정기적으로 과음을 하게 되면 뇌는 사람을 깨어 있는 상태로 유지하기 위해 알코올의 진정제와 싸우려고 합니다. 그러다가 음주를 중단하면 뇌는 술 마실 때의 보상 활동을 계속하려고 하기 때문에, 그 사람은 다시 술을 마시기 전까지는 몸 상태가 흥분되고 불안하고 떨리며 초조해지게 됩니다. 이는 알코올 중독의 증세이기도 합니다.

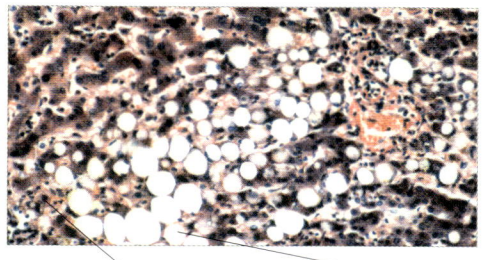
정상적인 간 세포   알코올로 손상된 간 세포

17. 청결 유지

신체의 청결을 유지하는 일은 어렸을 때보다 사춘기에 들어서 더욱 중요해집니다. 사춘기에는 자주 씻지 않으면 피부에서 불쾌한 냄새가 나거나 심하면 건강까지 상하게 할 수 있는 물질이 분비되기 시작하기 때문입니다.

● **피부**

오른쪽 그림은 피부 조직의 단면도로 피부 표면 아래가 어떻게 생겼는지 보여 주고 있어요.

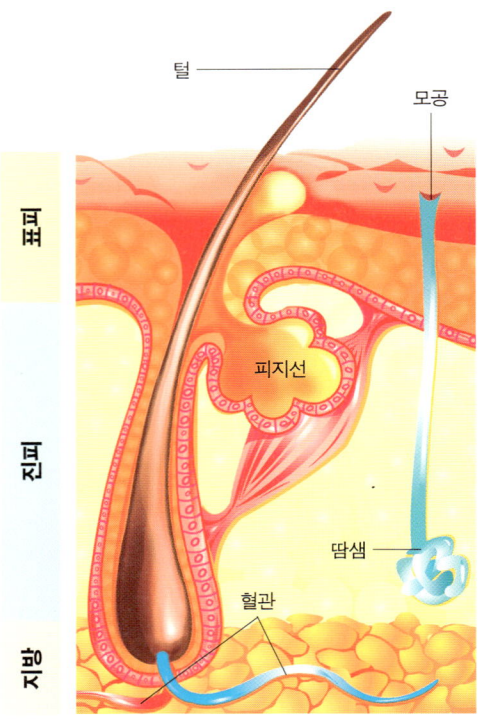

피부 표면 _ 피부 표면은 표피라고 해요. 표피에서 가장 위에 있는 층은 죽은 세포로 되어 있는데, 피부가 사물과 접촉하면서 계속해서 떨어져 나가 표피 아래층에 있는 피부로 대치되는 부분입니다.

피지선 _ 피지선은 피지라는 기름기 있는 물질을 분비하는데, 피지는 털과 피부를 감싸서 털과 피부가 물에 젖지 않고 유연하게 해 줍니다. 사춘기에는 피지선에서 분비되는 피지의 양이 많아지기 때문에 털에 기름기가 많이 끼고 피부에 발진이 생기는 경우가 있어요.

땀샘 _ 더위를 느끼지 않아도 땀은 끊임없이 땀샘에서 땀구멍을 통해 피부 표면으로 나와요. 땀은 신체에서 노폐물을 제거하고 체온을 유지하는 역할을 하지요. 사춘기는 땀을 많이 흘리는 시기입니다.

● 씻기

먼지와 죽은 피부 세포와 피지와 땀 등을 닦아 내기 위해서는 매일 몸을 씻어야 해요. 땀샘은 겨드랑이와 생식기 주변에 가장 많이 분포되어 있기 때문에, 몸 전체를 씻지는 않는다고 하더라도 이런 부분은 매일 꼭 씻어 주어야 합니다.

● 겨드랑이

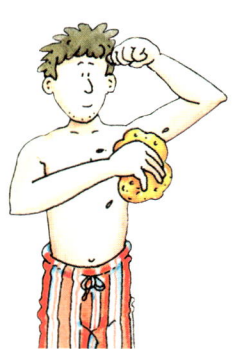

겨드랑이에는 땀샘이 많이 몰려 있기 때문에 이 부분에서 땀이 많이 나지요. 땀은 특히 흥분하거나 초조하면 더 나게 되는데, 탈취제나 발한 억제제를 사용하면 몸을 씻기 전에 냄새가 퍼지는 것을 막아 줍니다. 탈취제는 땀에 있는 박테리아의 성장을 억제해 주고 발한 억제제는 일부 땀구멍을 닫아서 땀을 덜 흘리게 해 줍니다.

● 치아

치아는 나중에 나는 사랑니 4개를 제외하고는 13세 정도가 되면 모든 영구치가 나게 됩니다. 치아와 잇몸 질병을 예방하려면 적어도 하루에 두 번

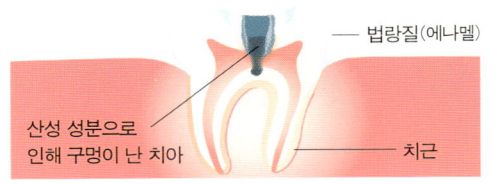

은 이를 닦아야 합니다.

이가 썩는 것은 입 안에서 당분을 먹고 자라는 박테리아의 작용 때문이에요. 박테리아는 증식을 해서 치태(플라그)라는 물질을 만들어 냅니다. 치태에는 산성 성분이 들어 있어서 이 성분이 이를 뚫고 들어가 이에 구멍이 생기게 됩니다. 이 구멍을 메워 주지 않으면 치통이 시작되고 병균에 감염되거나 농양이 생길 수도 있어요. 잇몸이 상하면 이가 흔들리게 될 수도 있지요.

그래서 정기적으로 치과에 가서 검사를 받아 봐야 합니다. 당분을 적게 먹고 이를 강하게 해 주는 불소가 든 치약을 사용하면 치아 관리에 도움이 됩니다.

● **이 닦기**

이를 닦는 것은 열심히 하는 것보다 철저하게 하는 것이 중요해요. 칫솔모가 이 사이에 잘 들어가 이 사이를 닦아 낼 수 있도록 짧게 움직여 가며 옆 방향이 아닌 위아래 방향으로 닦아야 합니다. 이렇게 이 바깥쪽을 돌아가며 닦고 나서는 이 안쪽을 마찬가지 방법으로 닦습니다. 이 안쪽을 닦는 데는 칫솔을 수직으로 세워서 잡는 것이 편합니다. 서둘러서 닦지 않도록 합니다. 다른 사람의 칫솔을 사용하는 것은 위생상 좋지 않습니다(73쪽도 참조하세요).

칫솔질은 옆으로 하는 것보다는 위아래 방향으로 해야 합니다.

● **생식기**

소변, 질 분비물, 생리혈, 정액, 피지 등은 그 자체로는 모두 깨끗한 물질이기는 하지만, 일단 몸 밖으로 배출되면 박테리아가 번식할 수 있는 좋은 환경이 됩니다. 박테리아는 생식기 주변에 많이 나오는 땀에서도 번식할 수 있어요. 그렇게 번식한 박테리아는 질,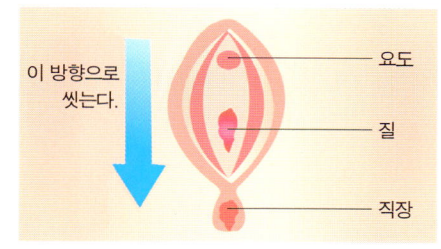
요도나 음경을 통해 신체 내부로 들어갈 수 있기 때문에 매일 생식기 주변을 씻어 주어야 합니다. 직장에는 박테리아가 많이 서식하므로 특히 여성의 경우 직장의 박테리아가 앞쪽에 있는 질이나 요도로 번지지 않도록, 앞에서 뒤쪽 방향으로 생식기 부위를 씻고 말리는 것이 중요해요. 남자는 귀두를 싸고 있는 포피를 뒤로 젖히고 귀두를 드러낸 뒤 귀두 부분을 부드럽게 씻어 주어야 합니다. 순한 비누와 따뜻한 물로 씻되 생식기 부위에는 탈취제나 향수를 사용하면 염증이 생길 수 있으므로 이런 물질은 사용하지 않도록 합니다. 씻고 난 다음에는 깨끗한 속옷으로 갈아입습니다.

● 분비물

질에서 어느 정도 분비물이 나오는 것은 정상적인 일이에요. 이는 자궁 경부와 질에서 자정 작용과 윤활 작용을 하는 분비액이 흘러나오는 것입니다. 이 분비액은 맑은 액에서 우윳빛까지 빛깔이 다양하고 냄새는 거의 없어요. 초경을 시작하기 전 몇 달 동안 질 분비액의 양이 많아지는 경우도 있습니다.

만약 질 분비물의 양이 많아지거나 끈적해지고, 색깔이 변하거나 냄새가 나고, 가려움증이나 화끈화끈한 느낌이 들기 시작하면, 평소에는 해를 끼치지 않는 질 속에 있는 박테리아에 이상이 생겨 세균에 감염되었을 가능성이 높아요. 이 경우 병원에 가면 질 좌약이나 정제를 처방해 줄 거예요. 남자는 음경에서 무엇이든 분비되기 시작하면 병원에 가 봐야 합니다.

● 얼굴

비누는 얼굴에서 피지를 지나치게 제거해 버리기 때문에 얼굴에는 비누를 사용하는 것이 좋지 않다고 말하는 전문가들이 많아요. 하지만 사춘기는 원래 피지가 지나칠 정도로 많이 분비되는 때이기도 하려니와 클렌징 크림이나 로션을 사서 발라 봐야 얼굴에 여드름만 생길 뿐 바라는 효과는 나타나지 않는 경우도 많아요. 결국 자신의 피부에 적합한 용품을 찾는 것이 가장 좋은 방법입니다. 여드름이 심하게 많이 날 경우에는 병원에 가 보는 것이 좋습니다.

● 여드름

피지선에서 피지가 지나치게 많이 분비되는 것은 사춘기에 일어나는 호르몬 분비량의 변화 때문이에요. 피지선은 얼굴과 등에 가장 많이 분포되어 있습니다. 가장 큰 역할을 하는 호르몬은 테스토스테론으로 여겨지는데, 그래서 여드름은 여성보다는 남성에게서 많이 생겨요.

피지가 피지선 구멍에 축적되면 끝이 까만 여드름이 생기고, 피지가 피부 표면 아래에 쌓이게 되면 끝이 흰 여드름이나 붉은 색을 띤 여드름이 생깁니다. 여드름이 생긴 자리는 박테리아에 감염될 수도 있어요.

여드름이 많이 난다면 순하고 향 처리가 되지 않은 무균 비누와 따뜻한 물로 얼굴을 자주 씻는 것이 좋아요. 남자들은 면도를 한 뒤에 방부액으로 면도날을 닦아 주는 것도 좋아요. 화장으로 여드름을 가리려는 사람들이 있는데, 이렇게 해서는 여드름이 더 악화될 뿐이랍니다.

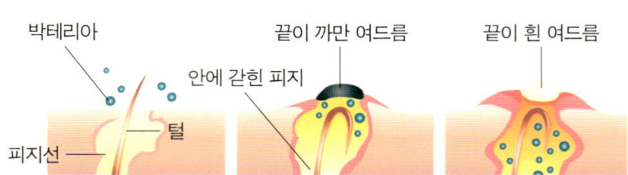

여드름을 짜면 피부에 손상을 주고 감염을 일으킬 우려가 있기 때문에 절대 여드

름을 짜서는 안 됩니다. 꼭 짜려거든 손을 아주 깨끗이 씻고 끝이 까만 여드름만 짜도록 하세요.

● 모발

머리카락은 먼지, 죽은 세포, 피지, 땀 등을 씻어 내기 위해 자주 감아야 해요. 모발이 건성인지 지성인지는 분비되는 피지의 양에 따라 달라지는데, 지성 모발은 매일 감는 편이 좋고, 건성 모발은 이보다 덜 감아도 괜찮아요. 비듬은 두피에서 일어나는 죽은 세포로 이루어져 있는데, 모발이 건성인 사람이 비듬이 더 많은 편이에요. 비듬 제거를 위해서는 샴푸를 여러 브랜드 제품을 돌아가며 사용해 보고 자기에게 적합한 것을 고르는 것이 가장 좋은 방법이에요. 비듬이 아주 심한 경우에는 병원에 가 보는 것이 좋아요.

● 손톱과 발톱

손톱과 발톱은 네일 브러시로 손톱 발톱 밑에 낀 때를 제거해서 깨끗하게 유지해야 해요. 손톱은 가위나 손톱깎이로 자르거나 금강사로 만든 줄로 갈아 내면 됩니다. 금속

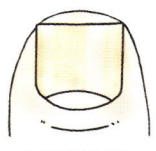

엄지발톱을 깎는 올바른 방법.

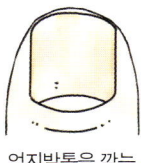

엄지발톱을 깎는 잘못된 방법.

으로 된 줄을 사용하면 손톱이 쉽게 갈라지므로, 손톱이 쉽게 갈라지는 사람은 손톱을 짧게 하는 것이 좋아요. 발톱을 깎으려면 아주 날카로운 가위가 필요합니다. 발톱은 앞 부분을 곧게 일직선으로 잘라야지 발가락 모양을 따라 둥그렇게 자르면 양 끝이 살을 파고들어가 피부에 상처가 나고 감염되기 쉬워요. 양 끝이 살을 파고 든 발톱을 내향성 발톱이라고 해요.

18. 감정

여러분이 육체적·정신적으로 성숙해 감에 따라 독립성이 더욱 커지고, 주위 사람과의 관계에도 변화가 일어납니다. 이런 변화는 때로 스트레스로 느껴지기도 하지요. 그럴 때는 다른 사람 역시 같은 경험을 하고 있으며, 어른들도 한때 이런 비슷한 과정을 다 겪었다는 사실을 생각해 보세요. 여러분의 감정은 여러분이 마음대로 할 수 없는 신체 변화에 따라 영향을 받기도 합니다.

● 정체성

자신이 어떤 사람인지, 앞으로 어떤 일을 하고 싶고 어떤 사람이 되고 싶은지에 대해 생각해 보는 일은 성장 과정에서 아주 중요한 일이지요. 어른이 된 미래의 자신의 모습과 성격을 생각하다 보면, 뭐가 뭔지 모를 복잡한 감정을 느낄 때도 있답니다.

● 기분

사춘기에는 때로 뚜렷한 이유도 없이 우울하거나 짜증이 날 때가 있는데, 어느 정도는 호르몬 분비량이 달라지기 때문이기도 합니다. 이런 변덕스러운 기분은 여러분이 어른의 몸과 감정에 점점 익숙해짐에 따라 나아지게 됩니다.

● 독립성

여러분은 성장해 감에 따라 자신의 생활과 행동에 대해 자신이 점점 더 책임을 많이 지고자 합니다. 이런 변화 때문에 여러분이 독립성이 커진다는 사실에 잘 적응하지 못하는 부모님과 갈등을 빚을 수도 있어요.

● 친구 관계

십대 청소년은 대부분 친한 친구들이 있게 마련이고, 더 나아가 친구와 사랑을 하게 되기도 합니다. 아마 여러분이 친하게 지내는 친구 집단이 있을

지도 모르겠지만, 그렇다고 해서 그 친구들이 하는 일은 모두 다 따라서 해야 한다는 생각은 조심해야 해요. 특히 그런 행동에 대해 자기 마음이 편치 않을 때에는 더더욱 조심해야 합니다.

● 수줍음

자신의 성격이나 외모에 대해 자신감이 없어서 수줍음을 느끼고 소극적이 되는 청소년이 많아요. 이런 문제에 어떻게 대응하느냐는 개인의 성격에 따라 다르지만, 다른 사람들도 설

령 겉으로는 그렇게 보이지 않을지라도 사실 속으로는 수줍음을 느끼는 경우가 많다는 점을 알아야 합니다.

2부 임신과 출산, 아기 돌보기

1. 아기는 어떻게 생길까? ● 2. 엄마의 뱃속에서 자라는 아기

3. 엄마의 몸에 생기는 변화 ● 4. 임신 중의 건강관리

5. 아기는 어떻게 태어날까? ● 6. 아기의 모습을 결정짓는 요인

7. 쌍둥이와 시험관 아기 ● 8. 신생아 ● 9. 부모 되기

10. 아기 돌보기 ● 11. 젖 먹이기 ● 12. 기저귀 갈아 주기

13. 개월별 아기의 변화 ● 14. 아기 돌보기

● 탄생에서 두 살까지

2부에서는 아기가 이 세상에 어떻게 해서 태어나게 되는지에 관한 흥미진진한 이야기를 들려주고 있어요. 임신은 어떻게 하게 되고, 임신 기간 중에 엄마와 아기에게는 어떤 변화가 생기며 아기가 태어나면 무엇이 달라지는지, 태어난 아기의 용모는 어떠할지, 아기는 어떻게 느끼고 행동하게 되는지 등에 대해 설명하고 있습니다. 또 아기 돌보는 방법에 대한 여러 가지 도움말도 많은데, 특히 책 끝부분에 있는 '아기 돌보기'에서는 아기를 안전하게 키우는 데 알아두면 유용한 여러 가지 사항을 제시하고 있답니다.

두 살까지 해당하는 아기 발달의 주요 단계에 대한 설명도 해 주고 있어요. 여러분 주위에 임신한 사람이 있다든가, 여러분 자신이 임신을 했거나 육아와 관련된 직업을 선택할 것을 고려하고 있다면, 특히 이 부분을 관심 있게 읽어 보시기 바랍니다.

● 어려운 단어

임신과 출산에 관련된 어려운 단어는 대부분 처음 나올 때 설명되어 있지만, 그래도 잘 모르거나 뜻이 생각나지 않는 어휘는 189~192쪽에 있는 〈용어 풀이〉를 참고하세요.

● 색깔과 비례

신체 내부에 있는 장기의 그림에 사용된 색깔은 원래 실물의 색깔이 아니에요. 또 크기도 대부분 실제보다 훨씬 크거나 작게 그려져 있는데, 가급적 실물이 어느 정도의 크기인지 짐작해 볼 수 있도록 대비 자료를 제시해 두었어요.

● 저마다 다른 아기

아기는 임신한 순간부터, 각각 개성적이고 개별적인 생명체랍니다. 사람들이 아기의 성장과 발달에 대해 이야기할 때는 대개 평균치를 두고 하는 말이에요. 즉 특정한 나이의 평균 체중, 평균 수면 시간, 이런저런 것을 익히는 평균 나이 등이 있다는 이야기지만, 지극히 정상적인 아기라도 이런 평균에서 크게 벗어나는 경우가 많고, 사실 모든 면에서 이런 평균치에 다 들어맞는 아기는 거의 없어요. 평균치는 다만 아기에 대해서 잘 모를 경우 대강 어느 정도 선을 예상하면 좋을 것인지에 대한 지침에 불과하답니다.

1. 아기는 어떻게 생길까?

모든 인간은 수없이 많은 개별적인 생명 단위인 세포로 이루어져 있어요. 사람은 맨 처음 난자 세포와 정자 세포라고 하는 아주 작은 두 세포로부터 시작된답니다.

난자 세포는 엄마의 몸에서 생성되고, 정자 세포는 아빠의 몸에서 생성되지요. 아기는 난자와 정자가 만나 하나의 새로운 세포를 형성하면서 생겨난답니다. 난자와 정자가 결합하는 것을 수정이라고 하는데, 이 수정을 출발점으로 해서 임신 과정이 시작되는 거지요.

● 난자 세포

1. 난자 세포는 난세포라고도 해요. 여성은 태어날 때부터 이미 양쪽 난소에 4십만 개 정도 되는 난자를 몸 안에 지니고 있어요. 여성은 성장하면서 한쪽 난소에서 한 달에 난자 하나가 성숙해서 방출됩니다. 이를 배란이라고 하지요.

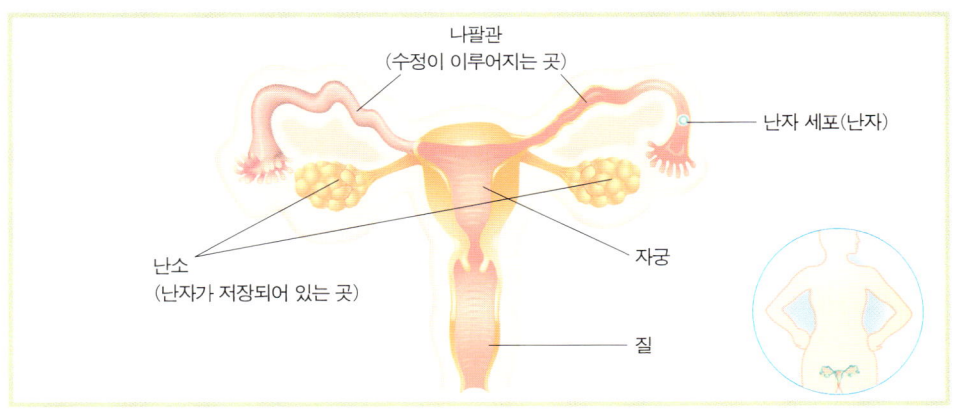

2. 난자는 난소에서 방출되어 나팔관(난관)으로 들어가요. 난자가 나팔관에 있는 동안 정자를 만나면 정자가 난자와 결합해서 수정할 수 있어요.

3. 난자는 나팔관에서 자궁으로 이동해요. 자궁은 속이 빈 자루 같은 근육질인데, 내부는 혈관으로 이루어진 두껍고 부드러운 막으로 되어 있어요. 난자가 수정이 되면 자궁 내막에 착상해서 성장하기 시작하고, 수정이 되지 않을 경우에는 해체됩니다.

4. 자궁 아래 쪽에 질이라는 신축성이 있는 관이 있는데, 자궁에서 신체 외부까지 이어져 있어요.

● 정 자

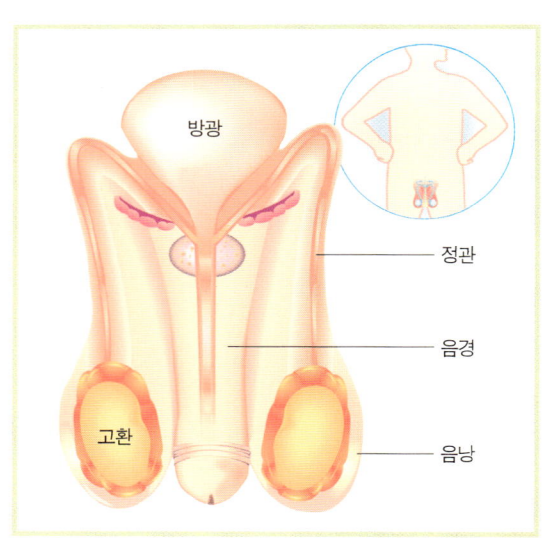

정자는 올챙이 모양으로 생긴 아주 작은 세포로 남자의 고환에서 생성되고 저장되어요. 정자는 수없이 많이 생산되는데, 매일 약 2억 마리 이상이 성숙하게 되지요. 고환은 음낭이라는 자루같이 헐렁한 피부 안에 담겨 신체의 외부에 매달려 있어요. 음경 중앙에는 소변을 방광에서 몸 밖으로 운반해 주는 요도가 있는데, 고환은 정관이라는 관을 통해 이 요도와 연결되어 있어요.

● 정자의 이동 경로

1. 남성과 여성이 성관계를 하게 되면 남성의 음경이 여성의 질에 삽입됩니다. 남성이 절정에 이르면(남성 오르가슴), 정자는 고환에 있는 저장소에서 나와 정관을 통해 음경으로 이동해요.

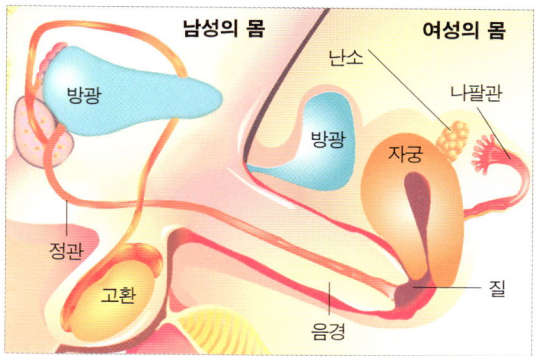

2. 정자가 정관을 통해 이동하는 동안 분비액과 정자가 혼합되어 정액이 만들어져요. 남성이 오르가슴에 이르면 정액은 음경에서 여성의 질로 분출(사정)됩니다.

3. 정자는 질에서부터 자궁으로 헤엄쳐 올라가 자궁을 지나 나팔관에 도착해요. 한 번 사정할 때 정액에는 약 3억 마리의 정자가 들어 있지만, 살아서 나팔관까지 도달하는 정자는 약 1,000마리에 불과해요.

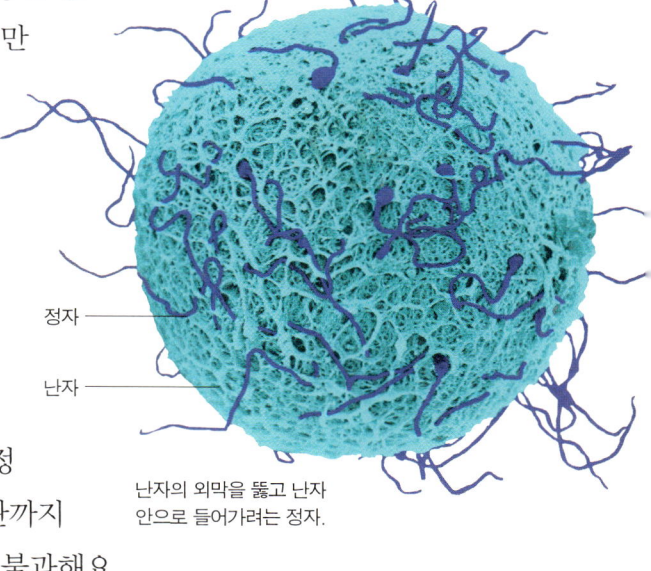

난자의 외막을 뚫고 난자 안으로 들어가려는 정자.

4. 정자가 나팔관에서 난자를 만나면 정자는 일제히 난자를 둘러싸고 난자를 싸고 있는 외막을 뚫고 들어가려고 해요. 그 중 하나가 침투에 성공하면 난자와 융합해 새로운 세포를 형성하게 되지요. 그렇게 되면 다른 정자들은 난자에 들어갈 수 없고 그대로 죽게 됩니다.

● 새로운 세포의 성장

두 개의 세포

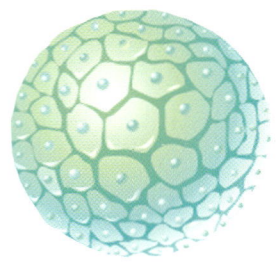
공 모양을 이룬 세포 덩어리

정자와 난자가 결합해서 생겨나는 새로운 세포는 똑같은 세포 두 개로 분열되고, 이 두 세포는 네 개로, 이 네 개는 다시 여덟 개로, 이런 식으로 분열을 계속해 나가다가 나중에는 세포로 이루어진 단단한 공이 생기게 됩니다.

이 공 모양의 세포 덩어리는 나팔관 아래쪽으로 이동을 계속하다가 자궁에 도달하면 자궁 내벽을 파고들어 자리를 잡아요. 이것을 착상이라고 하는데, 착상은 보통 수정 후 7~10일 사이에 일어나게 되지요. 착상이 되면 수태가 완료되면서 임신한 상태가 됩니다.

● 여성은 언제 임신이 될까?

여성이 임신을 하기 위해서는 살아 있는 정자가 여성의 나팔관 속으로 들어가는 도중에 난자를 만나야 해요. 여자는 보통 성숙한 난자를 한 달에 단 하나만 만들어 내죠. 이 난자는 생리가 시작되기 2주 전쯤에 나와요(생리에 대해 알고 싶으면 38~49쪽을 보세요). 난자가 난소에서 나팔관을 따라 자궁까지 가는 데는 하루가 걸립니다.

정자는 여자의 자궁 안에서 약 7일 동안 살 수 있어요. 그러니까 매달 '수정이 가능한' 날이 8일(난자가 나오기 전 7일과 나온 후 1일) 정도 있는 거죠. 이 기간에 여자가 피임(임신을 막는 것)을 하지 않고 성관계를 가지면 임신을 할 수 있어요.

하지만 매달 수정이 가능한 기간에만 성행위를 피하는 것은 믿을 만한 피임 방법이 못 돼요. 그건 배란이 언제 일어날지 정확히 알기가 어렵기 때문이에요. 생리 주기가 28일로 규칙적인 여성이라 해도 늘 예상 기간에 딱 맞춰 배란을 하는 건 아니거든요. 그러니 생리 주기 중 어느 때라도 아기를 임신할 가능성은 있는 거지요.

　아이들이 성인의 몸으로 자라기 시작하는 시기를 사춘기라고 해요. 사춘기 동안 여자 아이들은 배란을 시작하고 남자 아이들은 정자를 만들어 내기 시작해요.

| 사춘기 | 폐경기 | 노년기 |
한 달에 한 번씩 배란. 폐경기에 배란이 멈춤.

| 사춘기 | 노년기 |
지속적으로 정자를 만들어 냄.

여성은 주로 50세 무렵에 배란이 멈춰요. 이 시기를 폐경기라고 해요.

남자 아이가 정자를 생산하기 시작하면 한 달에 한 번만 아니라 평생 동안 지속적으로 생산해요.

1주	2주	3주	4주	1주
1 2 3 4 5 6 7	8 9 10 11 12 13 14 15	16 17 18 19 20 21 22	23 24 25 26 27 28	1 2 3 4 5 6 7
생리는 보통 4~5일 동안 지속된다.	질을 통해 들어가는 정자가 난자를 수정시킬 가능성이 있다. 이것을 '수정 시기'라고 부른다. 난자는 대략 14일째 되는 날에 나온다(배란). 난자가 하루 만에 나팔관을 통해 내려온다.	난자가 나오는 시기에 자궁벽이 두꺼워지면서 부드러워진다. 정자에 의해 수정이 될 경우 난자가 착상할 수 있도록 준비를 하는 것이다. 난자가 수정이 되면 약 7일이 지난 뒤 자궁 내막에 착상된다. 난자가 수정되지 않으면 자궁 내막이 허물어지기 시작한다. 난자가 자궁 내막에 착상이 되면 여성은 임신을 한 것이고, 더 이상 생리를 하지 않는다.		난자가 수정이 되지 않은 경우, 난자가 나온 지 2주가 됐을 때 자궁 내막이 피와 함께 여성의 몸 밖으로 나오는데, 이것이 바로 생리이다.

● 임신의 첫 징후

수정된 난자가 여자의 자궁에 착상하고 나면 여자의 몸에 변화가 일어나기 시작해요. 다음과 같은 증상이 나타나면 여자가 임신했을 가능성이 있는 거예요.

생리가 멈춤	입덧	유방의 변화
임신한 여성은 생리를 하지 않아요. 따라서 이 징후를 제일 먼저 알아차리는 경우가 많죠.	입덧은 보통 아침에 많이 일어나지만 저녁이나 다른 시간대에도 일어날 수 있어요.	가슴이 무거운 느낌이 들고 예민해지며 젖꼭지가 욱신거리고 아프기도 해요.

잦은 소변	입맛의 변화	피로감
특히 밤에 소변을 보려고 몇 번씩 일어나야 할 경우에 이 증상을 알아차리게 돼요.	입맛이 이상해지거나 식탐이 생기거나 식욕을 잃는 여성도 있어요.	매우 피곤하거나 기분 변화가 심하거나 우울해지는 것도 임신 초기 증상일 경우가 있어요.

● 임신 검사

임신 여부를 확인하기 위해 여성은 화학 약품을 이용해서 자신의 소변

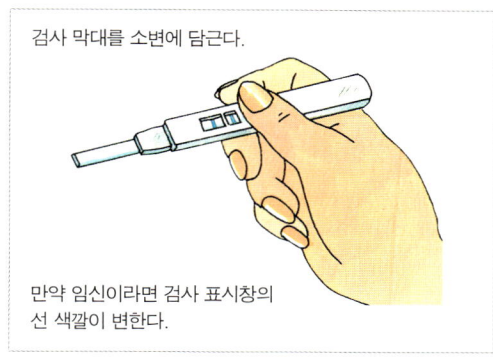
검사 막대를 소변에 담근다.
만약 임신이라면 검사 표시창의 선 색깔이 변한다.

샘플을 검사해요. 이 화학 약품은 임신 기간에만 몸에서 분비되는 물질을 찾아내지요. 약국에서 구입한 임신 진단 시약으로 직접 검사를 할 수도 있고, 병원에서 검사를 해 주기도 해요. 집에서 하는 검사는 생리가 멈추기 시작한 첫날부터 효과가 나타날 수 있어요. 그렇지만 다시 한 번 확인하기 위해 나중에 두 번째 검사를 실시합니다.

● 임신에 대한 계획 세우기

임신한 여성은 조산사나 주치의와 함께 임신 기간에 어떤 관리를 받을지, 아기는 어디에서 낳을지를 의논하게 돼요. 여성 중에는 병원보다 집에서 아기를 낳고 싶어하는 사람도 있지요. 조산사는 임신과 출산에 관한 전문가랍니다.

2. 엄마의 뱃속에서 자라는 아기

아기는 엄마 뱃속에서 매우 빨리 자라나요. 임신이 된 후 최초 9주 동안 아기는 하나의 세포에서 그럴듯한 사람의 형상을 갖춘 존재로 자란답니다. 출생 무렵이 되면 아기의 세포는 2억 개 정도 되어요. 임신 후 최초 9주 동안의 아기는 배아라고 하고, 9주 이후부터는 태아라고 부르지요.

● 아기는 언제 태어날까?

대부분 아기들은 38주 동안 엄마 뱃속에 있다가 태어나게 돼요. 하지만 보통 난자와 정자가 만난 정확한 날짜를 알기가 어렵기 때문에 엄마의 마지막 생리가 시작된 날을 임신 시작일로 봐요. 그러면 임신 기간은 40주가 되는 거죠. 이 기간은 달력상으로 거의 아홉 달에 한 주를 더한 정도가 돼요. 조산사들은 주로 도표를 이용해서 '출산 예정일'을 계산해요.

● 임신 최초 3개월간

0주	1주	2주	3주	4주	5주
마지막 생리 시작일.		난자가 수정됨.	난자가 자궁벽에 착상됨.	생리가 멈춤.	배아가 가까스로 보일 정도의 크기임.

6주	7주	8주	12주
6주가 되면 척추와 뇌의 기본 형태가 만들어지기 시작하고, 심장 박동이 시작된다.	7주가 되면 작은 돌기 네 개가 돋아난다. 이것은 손과 발의 최초 형태이다.	8주가 되면 배아에 눈이 생기지만, 아직 눈꺼풀은 없다. 배아가 미세하게 움직이기 시작하지만 아직 엄마가 느낄 정도는 아니다.	12주가 지나면 모든 장기가 형성되지만 여전히 많은 성숙 과정이 남아 있다. 남녀 성별에 따라 모습에 차이가 나타나기 시작한다.

● 아기의 생명 유지

인간의 몸이 생존하고 성장하기 위해서는 영양분과 산소가 필요해요. 또한 노폐물도 제거해야 하지요. 엄마 뱃속에 있는 동안 아기는 먹거나 숨을 쉬지는 않지만, 엄마의 혈액에서 영양분과 산소를 얻게 돼요. 노폐물은 아기의 혈액에서 엄마의 혈액으로 옮겨지지요. 엄마와 아기의 혈액 사이에 이런 물질이 오고갈 수 있는 것은 태반이라는 특별한 기관을 통해 가능하답니다.

배아는 처음 자궁 내막에 착상할 때 바로 밑에 있는 세포의 일부를 녹이고 안쪽으로 내려앉은 뒤 엄마의 혈액에서 영양분을 얻기 시작해요. 그리

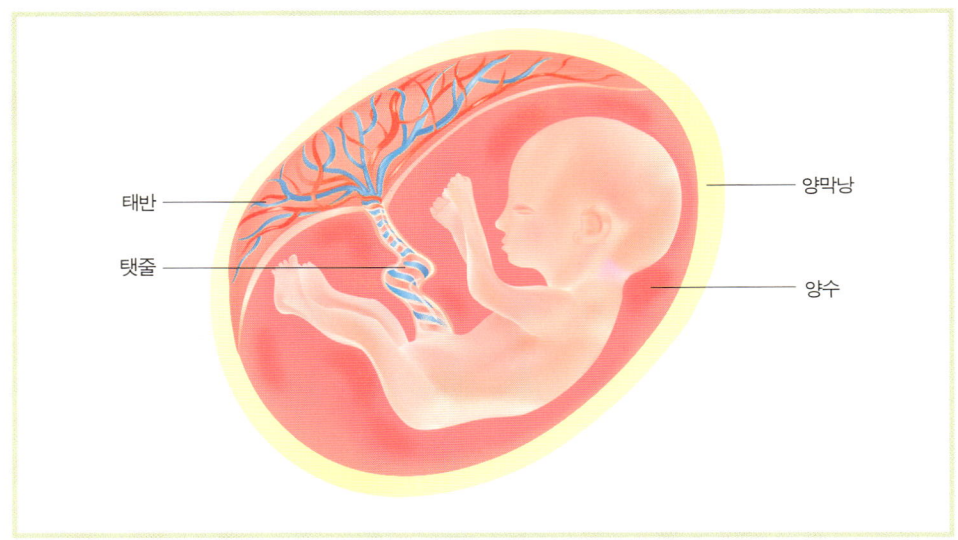

고 점차 혈관망을 형성하지요. 이 혈관망은 엄마의 몸에서 생긴 혈관망과 엮어지게 돼요. 이렇게 뒤엉킨 두 혈관망에서 태반이 생겨나는 거예요. 태반은 아기가 생긴 지 10주쯤 되면 완전히 형성된답니다.

엄마와 아기의 혈관은 실제로는 서로 붙어 있지는 않고 둘 사이에 얇은 세포층이 있어요. 이 세포층이 보호막 역할을 해서 해로운 물질이 아기 몸 속에 들어오지 못하게 어느 정도는 막아 준답니다.

아기는 배꼽에서 나온 줄을 통해 태반과 연결되어 있는데, 이 줄을 탯줄이라고 해요. 영양분과 산소를 실은 혈액이 태반에서 탯줄을 통해 아기 몸으로 이동한 다음, 아기의 몸 속을 돌고 다시 태반으로 흘러가지요. 태반으로 돌아가는 길에 이 혈액은 아기 몸에서 나온 노폐물을 싣고 가서 엄마의 피로 흘러갑니다.

자궁 안에서 아기는 양막낭이라는 자루에 둘러싸여 있어요. 이 자루 속에는 '양수'라고 하는 액체가 가득 차 있는데, 엄마가 충격을 받을 경우 그 충격을 흡수하는 역할을 해요. 또한 아기의 체온을 일정하게 유지해 주고 아기가 자궁 안에서 자유롭게 자라고 움직일 수 있게 해 주지요.

16주(4개월)

태아는 찻잔에 꼭 맞을 만한 크기가 돼요. 양수를 삼키고 소변을 내보내기 시작하지요. 손가락과 발톱이 생기고 피부는 밝은 붉은 빛이 나고 투명해요. 이제 자궁은 태아와 태반, 양수로 꽉 차서 이후부터는 아기가 자라는 것과 함께 자궁도 늘어나게 돼요.
엄마 배가 불러 오기 시작하고 평소 입는 옷도 꽉 끼게 돼요. 전에 엄마가 느끼던 입덧 증상은 이맘때면 사라진답니다.

실제 길이 = 약 14cm

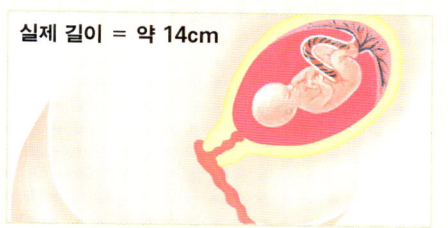

20주(5개월)

태아에게 머리카락이 나기 시작하고 눈썹과 속눈썹도 생겨요. 눈은 여전히 꼭 감고 있고 몸 전체가 미세하고 부드러운 솜털로 덮여 있어요. 피부의 투명함은 덜해졌지만 쭈글쭈글하게 주름이 많이 져 있지요.
보통 18주에서 22주 사이에 태아가 몸부림을 치거나 팔다리를 움직일 때 엄마가 이 움직임을 느끼기 시작한답니다.

실제 길이 = 약 21cm

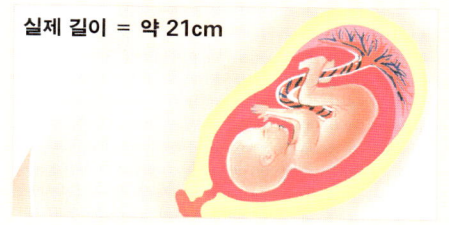

24주(6개월)

태아가 잠자고 깨어 있는 시간이 뚜렷하게 구분이 돼요. 엄마의 심장박동 소리와 혈액이 흐르는 소리 외에도, 엄마 몸 밖에서 나는 목소리나 음악 같은 다른 소리를 들을 수 있지요. 이 시기에 태어난 아기는 병원 미숙아실에서 보살핌을 받으며 지낼 수도 있어요.
엄마는 이제 확실히 임신부처럼 보여요. 태아 청진기라는 특별한 도구를 통해 태아의 심장 뛰는 소리도 들을 수 있답니다.

실제 길이 = 약 30cm

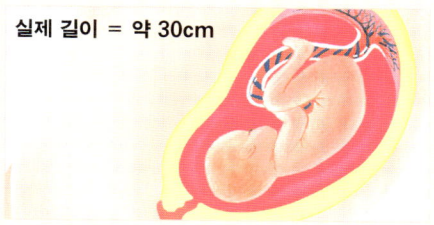

28주(7개월)

이 때 태어나는 아기는 살 수 있는 확률이 높긴 하지만, 인큐베이터에 들어가야 해요. 아직 스스로 숨을 쉴 수 있을 만큼 폐가 충분히 발달하지 못했기 때문이지요. 태아의 몸은 두꺼운 흰색 지방으로 덮여 있는데 이 지방을 태지라고 해요. 태지는 태아의 피부가 양수 때문에 짓무르는 걸 막아 준답니다. 태아의 발차기가 이제 제법 세져서 엄마의 배에 손을 올리면 느낄 수 있을 정도가 돼요. 태아가 딸꾹질하는 걸 엄마가 느끼기도 해요.

실제 길이 = 약 36cm

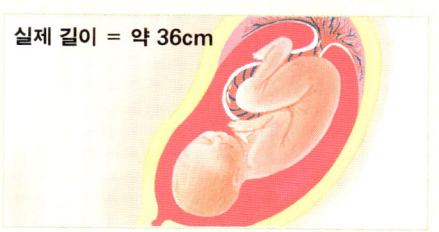

32주 (8개월)

태아의 몸에 지방이 쌓이고 피부의 주름이 줄어들게 돼요. 폐가 자라기 시작하면서 숨쉬기를 시작할 준비를 갖추지요. 태아가 빨기를 시작할 수도 있어요. 태어나기 전부터 엄지손가락을 빠는 아기도 있답니다.
이 시기쯤이면 아기의 무게 때문에 엄마가 눈에 띄게 몸을 뒤로 젖히기도 해요. 균형을 유지하려고 양쪽 다리를 살짝 벌리고 걷기도 합니다.

실제 길이 = 약 40cm

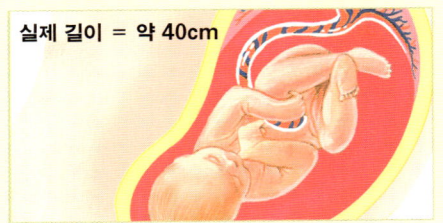

36주 (9개월)

이 시기에는 태아가 자궁 안에서 머리가 아래로 향하는 자세를 취하게 되는데, 이 자세는 이제 태어나기까지 변하지 않아요. 태아가 자궁을 가득 채우고 있고 자궁이 더 이상 늘어날 수도 없기 때문에 이제부터는 방향을 바꿀 공간이 없어요. 하지만 태아 몸의 지방은 계속 쌓인답니다.
이제 아기가 팔다리를 움직일 때 엄마의 배가 움직이는 걸 볼 수 있어요. 엄마의 배를 치는 것이 손인지 발인지도 짐작할 수 있지요.

실제 길이 = 약 45cm

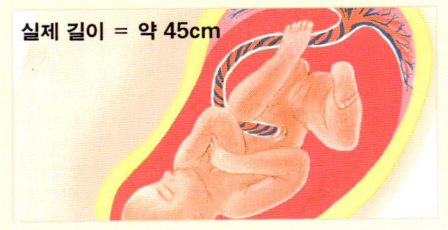

40주 (10개월)

대략 36주 이후의 어느 시점이 되면 태아의 머리는 엄마의 골반 쪽으로 내려가 골반에 맞닿음으로써 태어날 준비를 하게 돼요.
태아의 머리가 골반 쪽으로 가면 엄마는 숨쉬기가 훨씬 편해져요. 태아 때문에 엄마의 폐가 눌려 있다가 여유 공간이 조금 생겼기 때문이죠.
태아가 완전히 태어날 준비가 된 이 시기를 '만기' 혹은 '만삭'이라고 해요. 40주라는 기간은 단지 평균 임신 기간일 뿐이고 37주에서 42주 사이에 아기가 태어나는 건 모두 정상이에요.
이 때쯤엔 어깨 부위 정도를 제외하면 솜털은 사라지고 없어요. 그렇지만 태지는 여전히 태아 몸을 덮고 있지요.

실제 길이 = 약 50cm

— 골반

3. 엄마의 몸에 생기는 변화

여자가 임신을 하면 몸 전체에 걸쳐 변화를 겪게 돼요. 아기에게 필요한 것을 주기 위해 몸이 갖춰지고 출산을 할 준비를 하는 거지요. 이러한 변화는 혈액을 통해 몸 안을 도는 호르몬이라는 화학 물질로 인해 일어나는 거랍니다.

대표적인 임신 호르몬으로는 프로게스테론과 에스트로겐이 있어요. 이 호르몬은 원래 모든 여성의 몸 속에 있지만, 임신 기간에는 평소보다 훨씬 더 많은 양이 생성돼요. 보통은 난소에서 만들어지지만 임신 3개월이 지나면 태반이 이 일을 대신 맡게 되죠.

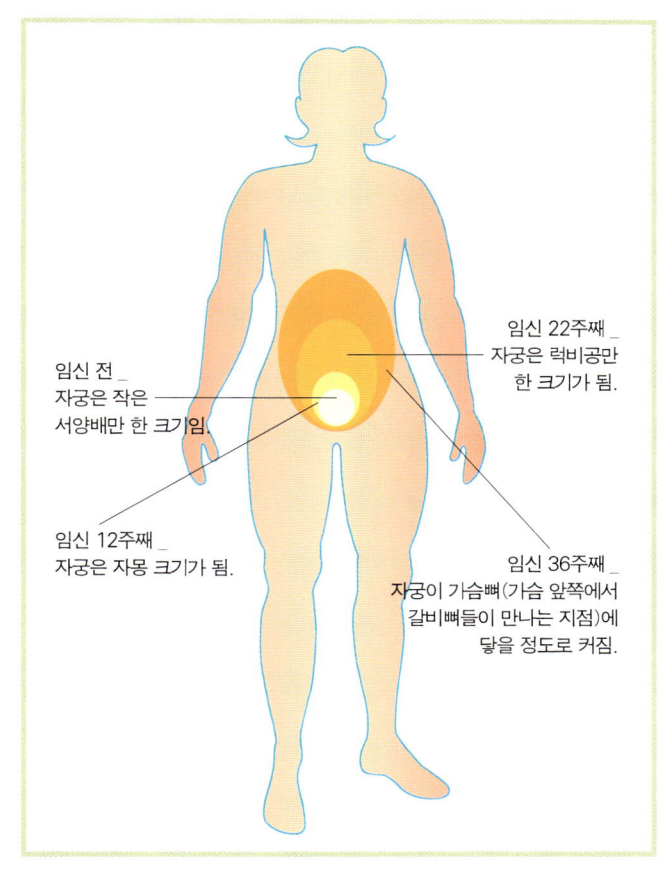

임신 전_
자궁은 작은 서양배만 한 크기임.

임신 12주째_
자궁은 자몽 크기가 됨.

임신 22주째_
자궁은 럭비공만 한 크기가 됨.

임신 36주째_
자궁이 가슴뼈(가슴 앞쪽에서 갈비뼈들이 만나는 지점)에 닿을 정도로 커짐.

● 자궁

임신 기간에 나타나는 가장 눈에 띄는 변화 중 하나는 엄마의 자궁이 평소보다 훨씬 커지는 거예요.

이것은 자궁 안에서 자라는 아기에게 공간을 만들어 주기 위한 것이지요. 자궁을 구성하는 것은 민무늬근이라는 근육이에요. 프로게스테론이라는 호르몬은 민무늬근을 이완시키고 신축성 있게 만들어서 근육이 더욱 잘 늘어날 수 있게 해 준답니다. 앞쪽 그림은 각 임신 단계에 따른 자궁의 크기를 보여 준 것입니다.

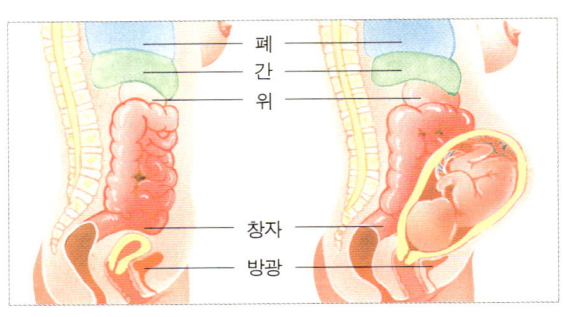

이 두 그림을 보면 태아와 자궁이 커지면서 원래 엄마의 몸 속을 채우고 있던 다른 기관들을 압박하는 걸 알 수 있지요. 그 중에서도 엄마의 창자와 방광이 가장 많이 눌리기 때문에, 변비라든가 소변을 자주 보는 증상을 일으킬 수 있어요.

● 유방

임신 호르몬이 엄마의 유방에서 젖을 만들어 내도록 준비를 함에 따라 유방이 많이 커지게 돼요. 유방에서 초유라는 물질이 만들어지기 시작하지만, 젖이 나오는 건 아기가 태어난 뒤 2~3일이 지난 뒤부터입니다(163~164쪽을 참조하세요).

● 골반

골반은 다리뼈와 척추를 이어 주는 둥근 모양의 뼈예요. 실제로 골반은 세 개의 뼈가 인대라는 튼튼한 섬유조직으로 연결된 것이지요. 임신을 하면 프로게스테론의 작용으로 인대가 더 부드럽고 신축성 있게 변해요. 그래서 아기가 태어날 때 골반이 벌어져서 둥근 뼈의 아래쪽으로 아기가 통과할 수 있게 해주는 거죠.

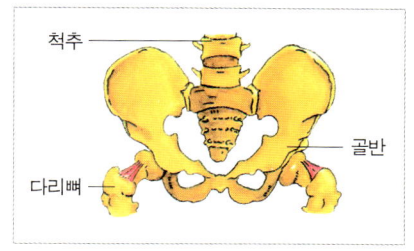

● 혈액

임신 기간에 엄마 몸 속에 있는 혈액의 양은 최대 50%까지 증가해요. 그러니 엄마의 심장은 늘어난 혈액을 온몸에 보내기 위해 그만큼 더 많이 뛰어야 하지요. 여분의 피는 아기와 평소보다 할 일이 더 많아진 엄마의 다른 장기들이 필요로 하는 것을 채워 준답니다.

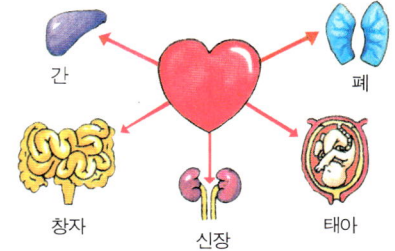

● 피부

임신부는 평소보다 몸이 더 따뜻하다고 느끼는 경우가 많은데, 이건 혈관에 피가 더 많이 흐르고 있기 때문이에요. 대부분 여성들이 점과 주근깨, 젖꼭지 주변 색깔이 더 짙어지고, 복부 한가운데에 '흑선' 이라는 짙은 색 선이 나타나기도 합니다.

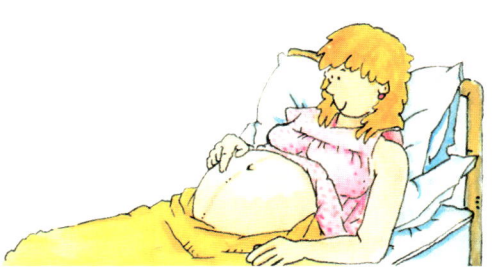

● 불편한 점

많은 여성들이 임신을 하면 몇 가지 불편함을 겪게 돼요. 그 이유는 주로 몸 안에 흐르는 호르몬 수치, 다른 기관을 압박하는 자궁의 크기, 몸 앞쪽의 늘어난 무게 때문이에요.

증상

- 요통
- 수면 장애
- 숨가쁨
- 기분 변화
- 변비
- 실신
- 임신선 (피부에 생기는 분홍 혹은 푸른색 선)
- 소화 불량
- 발목 부기

4. 임신 중의 건강 관리

임신은 몸의 자연스러운 과정이에요. 임신 내내 몸 상태가 아주 좋고 평소에 하던 거의 모든 일들을 계속 할 수 있는 경우가 많지만, 실제 여성의 몸은 전보다 많은 부담을 느끼고 있어요. 그래서 몸을 잘 돌보는 일이 매우 중요하지요. 임신 기간에는 엄마의 건강과 아기의 건강이 매우 밀접한 관계가 있답니다.

● 일상 활동

엄마의 몸이 커지고 아기의 체중이 증가함에 따라 엄마의 복부 근육이 지나치게 늘어날 위험이 있어요. 만약 그렇게 되면 근육이 제 기능을 못해서 요통이 생길 수 있고, 호르몬 때문에 느슨해진 관절도 허리에 문제를 일으킬 수 있습니다. 그러므로 앉거나 서거나 걷거나 물건을 들어올릴 때도 엄마는 늘 허리를 똑바로 펴고 있어야 합니다.

무거운 것을 들어올리거나 나르는 일은 허리에 무리를 줄 수 있어요.

앞으로 몸을 숙이는 자세는 허리에 무리를 줄 수 있어요.

같은 자세로 오래 서 있으면 혈액 순환에 좋지 않아요.

몸의 균형을 잡기가 어렵기 때문에 넘어지기가 쉬워요.

● 운동과 휴식

임신한 여성은 자신에게 익숙한 운동을 계속하는 것이 좋아요. 근육을 강화해서 몸이 출산에 대비할 수 있게 해 주는 특별한 운동이 도움이 될 수 있거든요. 몸을 이완시켜 주는 운동 역시 도움이 돼요. 몸이 긴장되어 있으면 제대로 휴식을 취할 수 없고, 임신 중에는 충분히 쉬는 것이 중요하니까요.

● 임신부 교실

임신부 교실에 가면 같은 처지에 있는 사람들을 만나서 느낀 점을 얘기하고 정보를 교환하고 임신, 출산, 그리고 부모가 되는 것에 대해 배울 기회가 생겨요. 게다가 임신 중이거나 출산을 할 때 유용한 이완 요법과 자세를 연습해 볼 수도 있답니다.

● 체중 증가

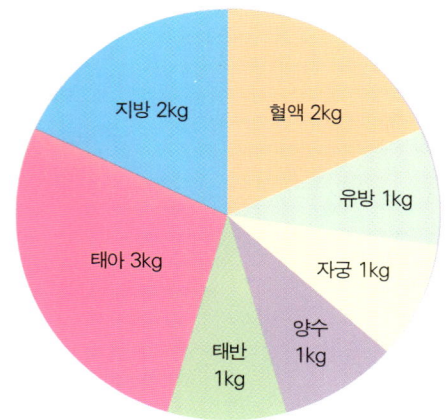

대다수 여성은 임신 중에 9~13kg 가량 체중이 늘어납니다. 늘어난 체중은 대략 위의 도표에 나온 내용으로 구성되어 있어요. 도표에서 볼 수 있듯이 불어난 몸무게 중에 지방이 차지하는 비율은 그리 높지 않답니다.

● 충분한 영양 섭취

임신 기간에는 질 좋고 신선한 식품으로 다양하게 구성된, 몸에 좋은 식사를 하는 것이 평소보다도 더 중요합니다. 엄마가 먹는 음식은 아기와 엄마 본인에게 필요한 영양을 공급해 주기 때문이죠. 엄마의 몸을 건강하게 유지할 수 있을 만큼의 영양이 남지 않는다 해도, 어쨌든 아기는 필요한 영양분을 가져가지요. 산모는 대체로 평소보다 좀 더 많이 먹지만, 한번에 많이 먹지는 못해요. 특히 임신 말기로 갈수록 더 그런데, 그건 산모의 위가 눌려서 공간이 줄어들었기 때문이랍니다.

● 해로운 물질

영양분이나 산소와 마찬가지로 엄마가 섭취하는 다른 물질도 태반을 통해 태아에게 전달됩니다. 그런데 이 중에는 태아에게 해를 입히는 물질도 있어요. 특히 태아가 급격히 성장하는 최초 3개월 동안엔 나쁜 영향을 많이 받게 된답니다. 이 시기에는 아기가 생겼다는 사실을 부모가 아직 모르는 경우가 많아요. 그렇기 때문에 임신 계획을 세우는 일이 무엇보다 중요합니다.

많은 약물이 태반을 통과할 수 있는데, 그 중에는 해로운 약물도 있어요. 임신부는 무슨 약이든 약을 복용하기 전에는 반드시 의사에게 상의해야 해요. 처방전 없이 살 수 있는 약도 마찬가지고요.

담배를 피우는 산모가 낳은 아기는 체중 미달이 되거나 모유를 먹는 데 문제가 있는 경우가 많아요. 게다가 태어나자마자 특정 병균에 감염될 위험이 더 크지요. 아빠가 담배를 피우는 아기들이 이런 증상을 보일 가능성이 더 크다는 증거도 있답니다.

알코올은 태반을 통과할 수 있으므로 임신 중에는 술을 아예 마시지 않거나 마시더라도 조금만 마셔야 해요.

엄마가 임신 초기에 어떤 전염병에 걸려 있으면 아기에게 해를 줄 수 있어요. 이 중 가장 흔한 전염병이 풍진인데, 이 병은 아기의 심장과 시력, 청력에 영향을 줄 수 있어요. 요즘은 풍진에 면역이 있는 여성이 많지만, 임신 중이나 직전에 예방 접종을 맞는 건 절대 안 돼요.

● 건강 검진

임신한 여성은 아기가 정상적으로 잘 자라고 있는지, 또 산모의 몸에 문제가 생기지는 않았는지 확인하기 위해 정기적으로 검진을 받아야 해요. 이것을 산전(출산 이전) 건강 검진이라고 합니다.

검진은 조산원이나 개인 병원, 종합 병원, 보건소, 혹은 산모의 집에서 받게 돼요. 임신을 전문으로 하는 의사를 산과의라고 해요. 조산사는 임신과 출산에 관한 전문가이기는 하지만 의사는 아니랍니다.

산모가 처음 병원에 가면 혈액을 채취해서 전반적인 건강 상태를 알아보고 아기에게 영향을 줄 수 있는 문제가 있는지 검사해요. 피검사는 이후에도 더 받게 돼요.

병원을 방문할 때마다 화학 약품을 이용해서 산모의 소변을 검사해요. 소변에 당이나 단백질 같은 물질이 있으면 산모 몸에 문제가 있다는 신호일 수 있어요.

산모의 몸무게를 측정해요. 3개월 이후에는 몸무게가 천천히, 꾸준히 늘어야 해요. 그래야 태아의 성장에도 좋고 모유 수유에도 좋거든요.

산모의 혈압(심장이 몸으로 피를 내보내는 힘)을 재요. 혈압이 높으면 아기의 성장에 영향을 줄 수 있고 산모에게 문제가 생길 수 있어요.

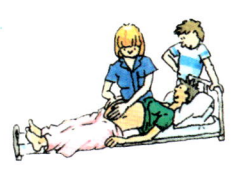
조산사가 산모의 배를 만져 보며 자궁 상태를 검사해요. 자궁 크기를 보면 아기가 얼마나 잘 자라고 있는지 추측해 볼 수 있거든요. 나중에는 아기가 어떤 자세로 있는지도 만져서 알 수 있답니다.

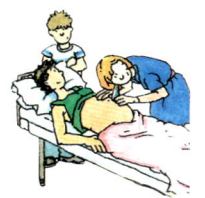
조산사는 태아 청진기로 아기의 심장 박동 상태를 검사해요. 소리를 확대하여 들려주는 전자식 기계를 사용할 수도 있어요.

● 초음파 검사

이것은 사람이 들을 수 있는 음파보다 훨씬 높은 음파를 엄마 몸 안으로 보내서 뱃속에 있는 아기를 검사하는 방법이에요. 이 음파는 몸 안에서 부딪친 면으로부터 튕겨져 나오고, 이렇게 반사된 음파가 측정되어 빛의 점으로 바뀌어요.

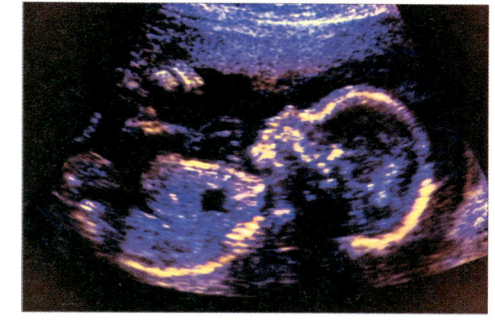
20주 된 태아의 초음파 영상.

이 점이 모여서 태아의 모습을 영상으로 보여 주게 되는데, 이 방법을 사용해서 태아의 나이와 크기, 성장 정도를 평가할 수 있답니다.

● 기형아 검사

대부분의 아기는 건강하게 태어나지만 소수는 장애를 안고 태어나기도 해요. 그래서 임신 중에 아기에게 문제가 있는지 알아볼 수 있는 검사가 있답니다. 혈액 검사와 초음파로도 몇 가지 기형을 알아낼 수 있어요.

검사를 실시한 결과 문제가 나타났다거나 아기에게 기형이 유전됐을 가능성이 있으면, 의사들이 다음과 같은 검사를 해 보도록 권유해요. 이런 검사는 아기에게 해가 가지 않도록 매우 조심스럽게 행해집니다.

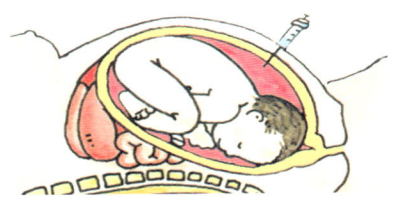

태아를 둘러싼 양막낭 속에 든 양수에는 태아의 세포가 포함되어 있어요. 이 양수의 일부를 양수천자라는 방법을 사용해서 채취할 수 있어요. 우선 산모의 복부 피부를 일부 마비시키기 위해 국부 마취 주사를 놓습니다. 그런 뒤 속이 빈 바늘을 피부에서 자궁 속까지 찔러 넣어요. 바늘 끝에 달린 주사기 안으로 양수를 조금 뽑아 내고, 그걸 실험실로 보내서 검사를 받게 합니다.

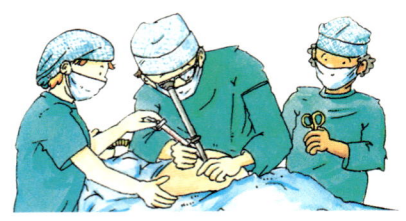

태아의 세포를 검사하는 데 사용되는 두 번째 방법은 융모막 검사라는 거예요. 양수천자와 마찬가지로 산모의 뱃속으로 바늘을 찔러 넣거나 질과 자궁경부를 통해 튜브를 삽입해서 융모막에서 세포를 채취해요. 융모막은 태반의 한 부분이랍니다.

● 아기의 성별

아기 성별을 구분하는 법에 대해 전해오는 이야기가 많지만 정말 믿을 수 있는 길은 단 하나, 아기의 세포를 검사하는 방법뿐이에요. 산모가 의학적인 이유로 양수천자나 융모막 검사를 받은 경우 의사는 아기가 남자인지 여자인지 알 수 있습니다.

● 유산이란?

임신 24주째 태어난 아기만 해도 살아날 가능성이 있지만 이보다 일찍 태어난 아기는 대부분 죽게 되는데, 이것이 바로 유산이에요. 유산이 되는 이유는 여러 가지가 있는데, 그 이유를 알 수 없는 경우가 많아요. 불행히도 유산은 특히 임신 초기에 흔하게 일어나지요. 초기 유산 중 상당수가 아기가 정상적으로 자라지 못했기 때문이라고 여겨지고 있어요.

● 낙태란?

의사들이 보기에 태아에게 정신적으로나 신체적으로 심한 장애가 있을 가능성이 높거나 계속 임신 상태에 있다가는 산모가 정신적·신체적으로 큰 손상을 입을 수 있을 때, 부모들은 임신 상태를 지속하지 않는 게 낫겠다고 판단하는 경우가 있어요. 이런 결정을 내리고 나면, 산모는 종합 병원이나 개인 병원으로 가서 자궁에서 아기를 제거하는 수술을 받아요. 이것을 낙태 혹은 임신 중절이라고 합니다.

5. 아기는 어떻게 태어날까?

아기가 엄마의 자궁을 떠나서 세상 밖으로 나오는 과정을 분만 또는 출산이라고 해요. 이 과정은 세 단계에 걸쳐 일어나지요. 그 누구도 분만이 시작되는 원인을 정확히 알지는 못해요. 단지 여러 증거를 통해, 아기가 태어날 준비가 모두 끝나면 호르몬을 분비해서 태반을 통해 엄마 몸에 전달되고 분만이 시작된다고 여기고 있지요. 분만에 걸리는 시간은 사람마다 매우 달라요. 첫 아이의 출산에 걸리는 시간은 평균적으로 15~18시간이지만, 이것보다 훨씬 더 오래 걸릴 수도 있고 훨씬 적게 걸릴 수도 있어요. 여성이 아기를 여러 번 낳을수록 낳는 데 걸리는 시간이 점점 줄어드는 경향이 있답니다.

● 분만 1기

분만 1기에는 아기가 나갈 수 있는 공간을 만들어 주기 위해 자궁 아랫부분이 열리게 돼요. 질과 자궁 사이에 있는 이 부분을 자궁경부라고 불러요. 자궁경부 한가운데에는 작은 구멍이 있는데 원래는 폭이 2mm밖에 되지 않아요.

임신 말기에 이르면 자궁은 몸 안에서 가장 크고 강한 근육으로 되어 있어요. 분만하는 동안 자궁 윗부분의 근육은 수축과 이완을 계속 반복한답니다.

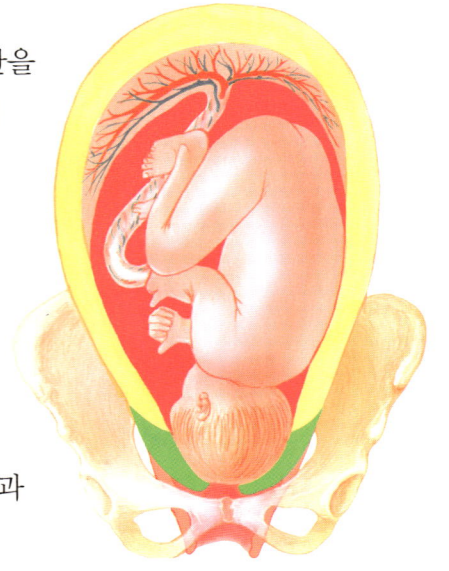

자궁이 이렇게 수축을 하다 보면 자궁경부가 서서히 열리게 돼요. 수축을 한 번 할 때마다 자궁은 수축하기 전보다 아주 조금씩 작아져서 아기의 머리가 경부에 꽉 맞닿게 되고, 그래서 경부가 열리기 쉬워지죠. 신생아의 머리 직경은 평균 9.5cm이므로 아기의 머리가 통과할 수 있으려면 자궁경부 지름이 거의 10cm가 되어야 해요. 어느 시점에 이르면 아기를 둘러싼 양수 주머니에 가해지는 압력이 너무 커서 주머니가 터지게 돼요. 그래서 양수가 경부와 질을 통해 흘러나옵니다.

● 자 궁 수 축

1기는 분만 과정 중 가장 시간이 오래 걸려요. 첫 출산일 때 걸리는 평균 시간이 대략 13시간이죠. 분만 초기에는 자궁 수축이 길게는 30분마다 있고 수축 강도도 아주 약해요.

그러다 점점 수축 간격이 좁아지고 강도도 세져요. 자궁경부가 완전히 열릴 때쯤엔 자궁이 거의 2분마다 수축을 하고 한 번에 1분 30초 정도 지속이 돼요.

● 분 만 2기

분만 2기는 자궁경부가 완전히 열릴 때부터 실제로 아기가 태어나거나 혹은 해산되기 시작할 때까지를 말해요. 이 단계는 단지 몇 분 내에 끝날 수도 있고 2시간 정도까지 걸릴 수도 있지요.

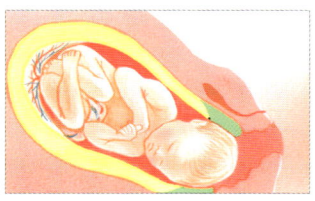 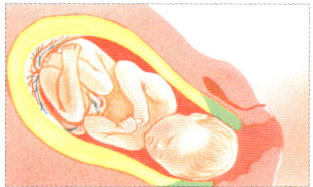 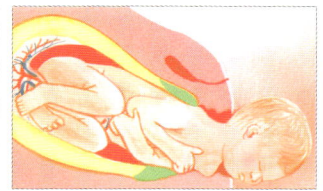

자궁을 떠나서 엄마 몸 밖으로 나오기까지 아기는 질, 즉 '산도'를 통과해야 해요. 질 벽 안쪽에는 주름이 있어서 아기가 통과할 때 펴지면서 공간을 만들어 줄 수 있어요.

자궁은 규칙적인 간격으로 수축을 계속하고, 자궁이 수축하는 동안 산모는 근육을 이용해서 아기를 밖으로 밀어 내고 싶은 충동을 느껴요. 일단 아기 머리가 질 밖으로 빠져 나오고 나면 몸의 나머지 부분은 비교적 쉽게 미끄러져 나온답니다.

● 분만 3기

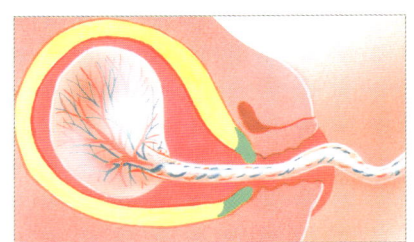

아기가 태어났을 때까지도 아기 몸과 태반은 여전히 탯줄로 연결되어 있어요. 그리고 태반도 아직 자궁벽에 붙어 있지요. 출산이 끝난 후 얼마 안 있어 태반은 자궁에서 떨어져 나와 질을 통해 엄마의 몸 밖으로 나와요. 여전히 태반에 붙어 있던 빈 양막낭도 태반과 함께 나오지요. 이렇게 태반과 양막낭, 탯줄이 나오는 것을 후산이라고 한답니다.

● 분만의 첫 징후

분만이 시작됐다는 걸 산모가 처음 느끼는 것은 20~30분 정도의 규칙적인 간격으로 쥐어짜는 듯한 통증이 올 때예요. 이 통증은 산모의 자궁 수축으로 인해 오는 것이고, 보통 복부 아래쪽이나 허리 끝부분이 아프답니다.

산모 중에는 자궁 수축을 알아차리기도 전에 양수 주머니가 터져서 양수가 질 밖으로 나오는 걸 느끼는 경우도 있습니다.

산모는 화장실에 가서 작은 점액 덩어리가 몸 밖으로 나온 걸 보게 될 수도 있어요(이를 '출산 개시'라고 해요). 이 점액은 임신 기간에 자궁경부 가운데를 막는 마개 역할을 한 물질이에요. 그런데 이제 자궁경부가 열리기 시작하니까 떨어져 나온 거지요.

● 분만 과정의 관리

산모가 분만을 하는 동안 주로 조산사가 산모를 보살피게 돼요. 조산사는 산모를 돕고 격려해 주고 별 문제 없이 잘 진행되고 있는지 확인하기 위해 정기적으로 검사를 합니다.

닫혀 있음

자궁 경부 4cm

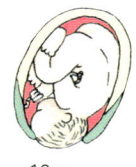
10cm

조산사는 질 속으로 손가락을 넣어서 자궁경부가 얼마나 열렸는지 알아봄으로써 분만 진행 상황을 확인할 수 있어요. 경부가 10cm 가까이 열렸으면 1단계가 끝났다는 사실을 알 수 있는 것이지요. 이 밖에도 조산사는 수시로 산모의 맥박, 체온, 혈압을 잽니다.

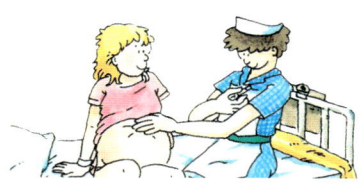

조산사는 산모의 복부를 만져 보고 자궁 수축의 속도와 강도를 확인해요. 또한 아기의 심장 박동을 듣고 아기의 상태를 파악하지요. 이 때 아기에게 산소가 부족하지 않은지 반드시 확인해야 해요.

병원에는 모니터라는 기계가 있는데, 이 기계로 아기의 심장 박동을 측정할 수 있어요. 이 그림에 나오는 모니터는 휴대용 모니터예요. 변환기를 산모의 복부에 갖다 대면 음성 장치의 확성

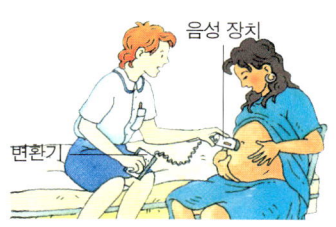
음성 장치
변환기

기를 통해 태아의 심장 박동을 들을 수 있어요. 휴대용이 아닌 큰 모니터 중에는 심장 박동뿐만 아니라 자궁 수축까지 검사할 수 있는 것도 있습니다.

● 분만 과정의 아기

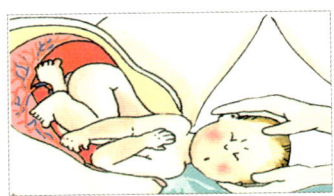
아기는 태어날 때 대체로 머리부터 나와요. 가슴이 밖으로 나오면 아기는 폐를 팽창시켜서 숨을 쉴 수 있어요. 몸의 나머지 부분까지 모두 밖으로 나오면 조산사는 아기의 입과 코에 양수가 들어 있지는 않은지 확인해요.

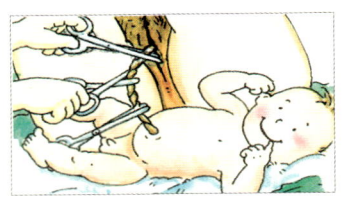
아기와 태반은 아직 탯줄로 연결되어 있고 태반은 아직 엄마 뱃속에 있어요. 몇 분이 지나면 집게 두 개로 탯줄을 잡고 양 집게 사이를 잘라 냅니다.

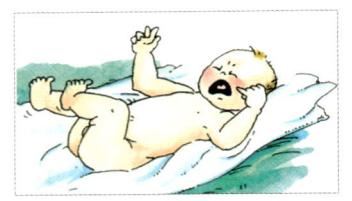
이제 부모는 아기를 받아 안고 자세히 들여다볼 수 있게 돼요. 태어난 직후에 많이 우는 아기도 있고, 거의 울지 않거나 아예 안 우는 아기도 있어요. 아기가 울면 폐에 공기가 가득 차서 양수가 빠져 나가는 데 도움이 돼요.

검사 결과 아무 이상이 없으면 아기의 몸무게와 키, 머리 크기를 재요. 출생 체중을 알아두는 건 중요해요. 왜냐하면 앞으로는 체중을 확인하는 것이 아기가 잘 자라고 있는지 알 수 있는 가장 좋은 방법이기 때문이지요.

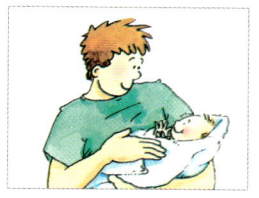
아기를 따뜻하게 해 주는 것도 중요해요. 아기들은 순식간에 열을 빼앗길 수 있고, 특히 머리가 젖어 있으면 더욱 체온이 내려가기 쉬워요. 부모가 아기를 안아 보게 하고, 아기 몸무게를 재고 목욕을 시킨 뒤에는 반드시 천으로 감싸서 따뜻하게 해 줘야 해요.

아기가 병원에서 태어나면 아기 손목에 꼬리표를 붙여 둬요. 거기엔 아기의 이름과 태어난 날짜와 시간이 적혀 있지요. 엄마 손목에도 똑같은 꼬리표를 달기도 해요. 누가 누구의 아기인지 헷갈리지 않게 하기 위해서랍니다.

● 산모 돕기

아기를 낳는 건 정말 기쁜 일이지만 동시에 고통스럽고 힘든 일이기도 해요. 자궁 수축은 다른 말로 진통이라고 해요. 진통은 처음에는 가벼운 통증이지만 간격이 잦아지고 강도가 세지면서 통증도 점점 심해집니다. 1기 끝 무렵이 일반적으로 분만 과정에서 가장 고통스러울 때예요. 2기는 산모에게 무척 힘이 들고 아기가 태어날 때쯤엔 산모가 완전히 지치게 돼요. 아빠와 가족들이 산모를 돕고 힘을 북돋워 줄 수 있으며, 또 통증을 덜어 주는 여러 가지 방법들이 있답니다.

긴장하면 통증은 더 심해져요. 산모가 자궁이 수축하는 동안 규칙적이고 고르게 숨을 쉬고 사이사이 수축이 멈출 때 몸을 이완시켜 주면 긴장과 통

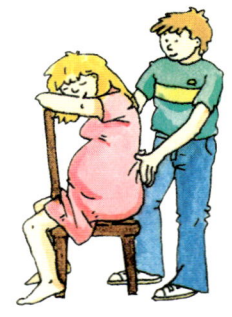
증을 줄이는 데 도움이 돼요. 마사지도 긴장을 푸는 데 도움이 될 수 있어요. 등을 곧게 펴고 있는 자세를 취하면 분만이 더 빨리 진행되는 효과가 있는데, 중력으로 인해 아기가 좀 더 쉽게 나올 수 있기 때문이죠. 목욕을 할 때 통증이 완화되는 산모도 있고, 분만 욕조 안의 물 속에서 해산하는 경우도 있어요.

마취 가스와 공기 흡입

'마취 가스와 공기'는 아산화질소와 산소를 가리켜요. 자궁 수축이 있을 때 산모는 마스크를 통해 이것을 흡입해요.

산모가 원하면 통증을 덜어 주는 약물 주사를 놓는 경우도 있어요. 이 주사를 맞으면 산모와 아기 모두 약간 몽롱한 상태가 되기도 해요.

경막외 마취는 허리에 국부 마취제 주사를 놓는 거예요. 그러면 산모의 하반신 감각이 없어져요.

● 분만 촉진

때로는 의료진이 자연적으로 분만이 시작될 때까지 기다리기보다 인공적으로 분만을 시작하는 것이 더 낫다고 판단하는 경우가 있어요. 이것을 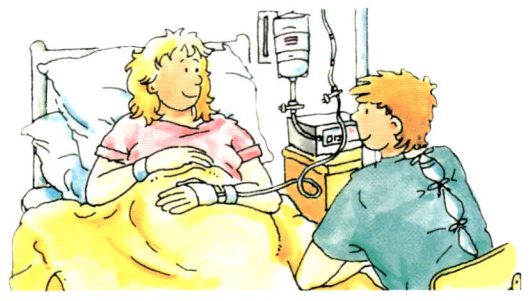유도 분만이라고 해요. 질에 넣으면 녹는 정제(질 좌약)나 바늘을 통해 산모의 팔에 있는 혈관 속으로 들어가는 수액으로 호르몬을 주입(이것을 점적술이라고 해요)해서 실시합니다.

● 겸자의 사용

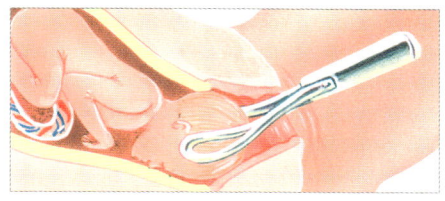

분만 2기를 빨리 진행시키기 위해 의사가 겸자를 사용해야 할 경우도 있어요. 분만 2기가 너무 길어지면 아기가 산소 부족을 일으킬 수 있거든요. 의사는 겸자를 아기의 머리에 고정시켜서 부드럽게 바깥쪽으로 당겨요. 겸자 대신 진공 흡입기 또는 흡반이라는 걸 사용할 수도 있는데, 이 도구는 아기 머리에 빨아당기는 힘을 가하는 거예요.

● 절개와 봉합

경우에 따라서는 질 입구 주변의 피부와 근육이 아기 머리가 통과할 수 있게 늘어나다가 찢어지는 경우가 있어요. 이런 일을 막기 위해 미리 절개를 하기도 한답니다. 겸자를 사용하거나 태아가 둔위 상태(142쪽을 참조하세요)에 있으면 대부분 절개를 하게 돼요. 출산을 하고 난 뒤 찢어지거나 절개한 부위는 봉합을 하는데, 그 후 며칠 간은 상처 부위가 쓰릴 수 있어요.

● 자연 분만

출산은 자연스러운 과정이지만 산모와 아기 둘 다에게 분명 위험 요소가 있어요. 그래서 20세기에는 안전한 출산을 위해 아기는 병원에서 낳자는 운동이 있었어요. 또한 기술도 발전해서 이제 분만을 인공적으로 시작하거나 분만 속도를 빠르게 하거나 통증을 줄이는 일을 더욱 쉽게 할 수 있게 됐죠.

그렇지만 기술을 지나치게 활용하는 데 따르는 불이익도 있기 때문에,

조산사나 의사 외에 많은 사람들이 몇몇 특정한 의학적 이유가 있을 때만 분만에 개입하는 것이 낫다고 생각하고 있어요.

일부 자연 분만을 하고 싶어하는 여성들은 집에서 아기를 낳는 것을 더 선호해요. 이들은 집에서 아기를 낳다가 문제가 생기는 경우에만 병원에 갑니다.

● 제왕 절개 분만이란?

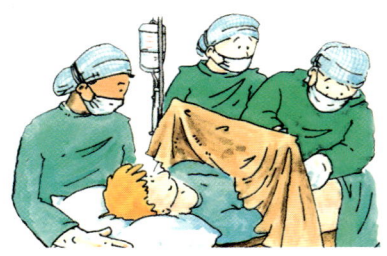

제왕 절개는 산모의 복부를 절개해서 아기와 태반을 꺼내 출산을 하는 방법이에요. 수술을 하는 데는 40분 정도 걸려요. 수술하는 동안 산모는 전신 마취를 해서 잠들어 있을 수도 있어요. 하지만 전신 마취보다는 경막외 마취를 하는 경우가 더 많아요. 이렇게 하면 통증을 느끼지 않고 깨어 있을 수 있어서, 아기가 태어나는 걸 볼 수 있어요.

제왕 절개가 필요한 경우는 산모의 골반이 너무 작거나 태반이 길을 막고 있어서 아기가 자궁 밖으로 나오지 못할 때예요. 아기를 빨리 꺼내지 않으면 산모나 아기에게 위험할 때도 제왕 절개가 필요하지요.

● 둔위 분만이란?

아기들은 보통 태어날 때 주로 머리가 먼저 나오지만 아기 중에는 분만 시작 전에 이 자세로 바꾸지 못하고, 엉덩이를 밑으로 하는 자세를 하고 있는 아기가 있어요. 아기가 이 자세로 있으면 출산은 좀 더 힘들어집니다.

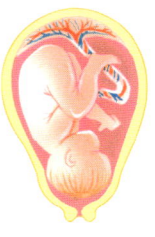 

정상 태위   둔위 태위

● **사산이란?**

사산이란 임신 20주 이상 지나고 난 뒤 죽은 아기를 낳는 걸 말해요. 이건 언제나 아기의 부모나 가족에게 정말 슬픈 일이지만 요즘에는 예전보다 사산이 많이 줄었답니다. 임신부를 다루는 의료 기술이 발전했고, 아기나 산모에게 영향을 줄 수 있는 문제를 일찍 발달할 수 있게 되었기 때문이지요.

● **특수 치료가 필요한 아기**

아기 중에는 태어나자마자 특수 치료를 받아야 하는 아기도 있어요. 이유는 여러 가지인데, 아기가 조산아이거나(예정일보다 3주 이상 빨리 태어남) 너무 작고 체중 미달이거나 감염이나 결함이 있거나 하는 경우이지요. 이런 아기는 보통 인큐베이터에 넣거나 의사와 간호사가 특별히 신경을 쓰게 돼요.

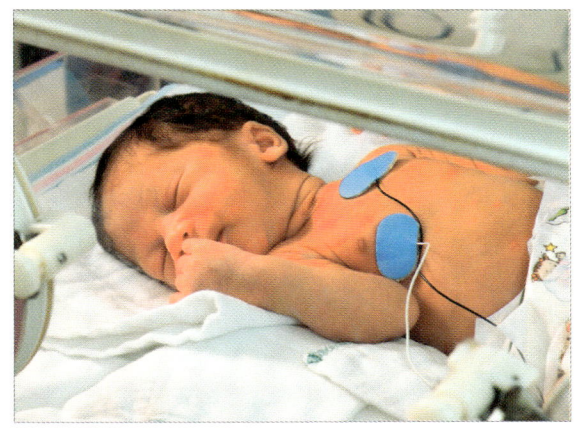

인큐베이터 내부의 온도는 주의를 기울여 조절해요. 아기는 기저귀 외에 다른 옷을 입을 필요는 없고, 옷을 입지 않는 편이 아기의 상태를 관찰하는 데 더 좋아요.

아기의 호흡이 멈추면 경보 장치를 울리는 특수 매트리스에 아기를 눕히기도 해요. 이렇게 하면 필요할 때 아기에게 재빨리 산소를 공급해 줄 수 있기 때문이죠.

아기의 코에 튜브를 끼워 위 속으로 영양을 공급하거나 혈관을 통해 들어가는 수액으로 공급해요.

출생 직후 며칠이나 몇 주간 특수 치료를 받아야 하는 아기라도 대부분은 정상적으로 건강하게 자란답니다.

6. 아기의 모습을 결정짓는 요인

임신은 엄마의 몸 안에서 난자와 정자가 만나 하나의 새로운 세포를 만드는 과정이에요. 임신이 시작되는 순간에 그 세포는 이미 세상에 하나밖에 없는 새로운 인간을 만드는 데 필요한 모든 정보를 담고 있답니다. 각각의 세포 속에 들어 있으면서 몸에게 어떻게 자랄지 지시하는 명령어를 유전자라고 해요. 하지만 사람이 성장하는 방식을 결정짓는 것은 유전자만이 아니에요. 주변 사람들, 그 사람의 경험, 음식과 기후 같은 요소가 모두 성장에 영향을 준답니다.

1. 인간의 몸은 하나의 세포로 시작해요. 이 세포는 계속 쪼개지고 또 쪼개져서 금방 수십억 개로 늘어납니다. 세포는 워낙 작아서 현미경으로만 볼 수 있어요. 각각의 세포는 세포질이라는 젤리 같은 물질로 구성되어 있고, 세포질 한가운데에는 핵이 있어요. 세포 핵에는 염색체라는 실같이 생긴 구조물이 들어 있어요. 하나의 염색체는 수천 개의 유전자로 이루어져 있답니다.

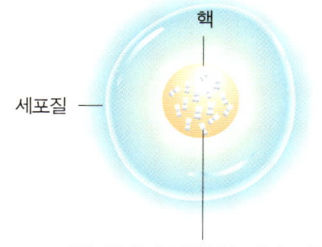

염색체(수천 개의 유전자를 포함하고 있음)

세포

2. 유전자는 아주 자세한 정보를 저장하고 분류할 수 있는 어마어마하게 복잡한 컴퓨터와 같아요. 각각의 유전자는 꼬인 사다리 같은 모양으로 합쳐져 있는 화학 물질로 구성되어 있어요. 사다리의 각 단을 이루는 화학 물질의 순서는 다양하고, 그 순서에 따라 암호를 형성해요. 서로 이어져 있는 약 250개의 단이 머리카락 색깔과 같은 하나의 특성을 결정짓는 명령어를 제공합니다.

염색체 한 쌍 중 하나는 엄마에게서, 다른 하나는 아빠에게서 나온 것입니다.

3. 난자와 정자에는 각각 23개의 염색체가 있어요. 따라서 이 둘이 결합하면 새로 생긴 세포에는 46개(23쌍)의 염색체가 생겨나게 되죠. 이 46개 염색체와 완전히 똑같은 복사본이 아기 몸에 있는 모든 세포에 전달되고 평생 동안 아기 몸에 남아 있답니다.

● 아들과 딸의 결정

난자와 정자에 들어 있는 23개의 염색체 중 하나는 성염색체에요. 성염색체는 두 가지 종류가 있는데 하나는 X염색체이고 다른 하나는 Y염색체예요. 모든 난자에는 X염색체가 있어요. 남자의 정자 중 절반에는 X염색체가, 나머지 절반에는 Y염색체가 있어요. X염색체가 들어 있는 정자가 난자와 만나면 아기는 딸이 되고 Y염색체가 들어 있는 정자와 난자가 만나면

여자에게는 두 개의 X염색체가 있다.　　　　　남자에게는 X염색체 하나와 Y염색체 하나가 있다.

22+X　　　22+X　　　XX　　　22+Y　　　22+X　　　XY

아기는 아들이 됩니다.

　이론적으로 아들이나 딸을 낳을 확률은 정확히 같아야 하지만 실제로는 아들만 낳거나 딸만 낳는 부모도 있어요. 아주 드물게는 이것이 부모의 유전자 때문인 경우가 있지만, 보통은 그저 우연한 확률에 의해 일어나는 일이랍니다.

● 아기는 부모 중 누구를 닮을까?

　양쪽 부모로부터 받은 유전자 수천 개가 모두 아이의 외모에 영향을 주지만, 머리카락이나 눈동자 색깔 같은 몇몇 특징은 부모에게서 각각 나온 유전자에 실려 옵니다. 이 두 유전자에 실린 명령어가 서로 다를 때는 둘 중 하나가 다른 하나를 이겨요. 이기는 유전자를 우성 유전자라고 하고 약한 유전자를 열성 유전자라고 해요. 여기 그림에 나오는 부모의 유전자가 만나면 아이들에게 서로 다른 세 가지 머리 색깔이 나올 수 있어요. 검은 머리 유전자가 다른 머리 색깔보다 우세해요. 금발 유전자는 빨강 머리 유전자보다 우세하고요. 아이가 빨강머리가 되려면 부모 모두에게서 빨강머리 유전자를 물려받아야 하는 거죠.

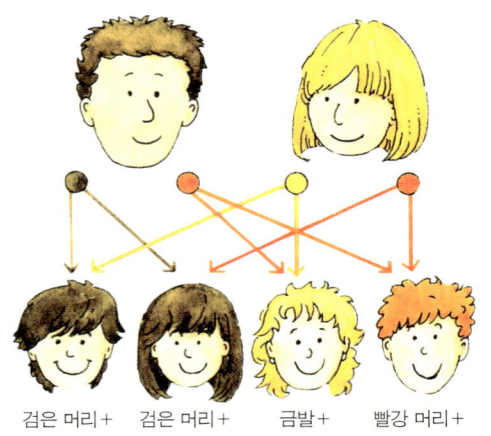

모든 사람은 머리 색깔 유전자가 두 개 있다.

검은 머리+금발　검은 머리+빨강 머리　금발+빨강 머리　빨강 머리+빨강 머리

● 비정상 유전자

　아기는 부모 중 한쪽 또는 양쪽에게서 여분의 염색체를 받는 경우가 있

어요. 다운증후군 아기들은 염색체 중 하나가 보통의 한 쌍이 아니라 3개로 이루어져 있어서 염색체가 총 46개가 아니라 47개예요. 이것은 아기의 성장에 영향을 줍니다.

비정상 유전자로 인해 생기는 일부 장애는 다음 세대로 유전이 돼요. 어떤 병에 대해 가족력이 있으면 유전학을 전문으로 하는 의사가 부부에게 아기가 그 병에 영향을 받을 가능성이 있다고 말해 줄 수 있어요.

7. 쌍둥이와 시험관 아기

태어나는 아기 중 쌍둥이의 수는 나라마다 달라요. 예를 들어 영국에서는 산모가 쌍둥이를 낳을 확률이 이죠. 엄마나 아빠 중 어느 쪽이든 쌍둥이를 낳은 가족력이 있으면, 쌍둥이가 태어날 가능성이 더 높아집니다. 쌍둥이, 세 쌍둥이 등을 다태 출산이라고 해요.

● 쌍둥이는 어떻게 생기는 걸까요?

쌍둥이에는 일란성 쌍둥이와 이란성 쌍둥이 두 종류가 있어요. 일란성 쌍둥이는 수정된 난자가 발달 초기에 반으로 쪼개지면서 생겨나요. 쪼개진 두 난자는 각각 아기로 성장하지요. 이 쌍둥이는 유전자가 똑같고 성별과 외모도 똑같습니다.

이란성 쌍둥이는 엄마의 난소에서 난자 두 개가 동시에 나와서 정자 두 개와 결합할 때 시작돼요. 이 쌍둥이들의 외모는 일반적인 형제자매 정도로 닮아요. 이들은 성별이 같을 수도 있고 다를 수도 있는데 유전자는 서로 다릅니다.

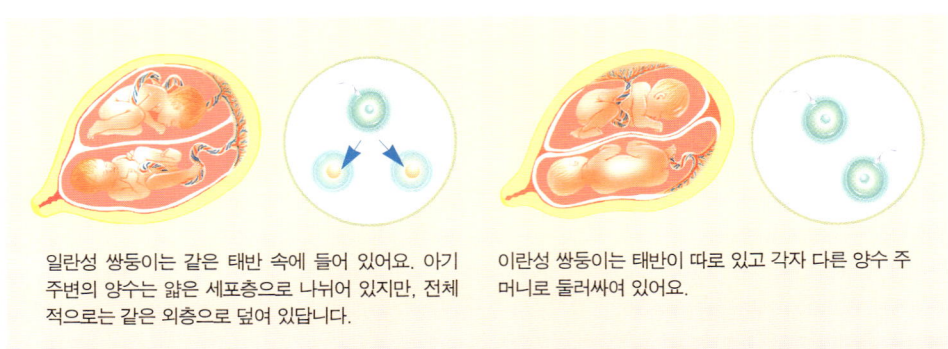

일란성 쌍둥이는 같은 태반 속에 들어 있어요. 아기 주변의 양수는 얇은 세포층으로 나뉘어 있지만, 전체적으로는 같은 외층으로 덮여 있답니다.

이란성 쌍둥이는 태반이 따로 있고 각자 다른 양수 주머니로 둘러싸여 있어요.

● 쌍둥이 진단

산모의 배가 보통보다 더 부를 때 조산사는 쌍둥이를 가진 게 아닌가 추측하게 됩니다. 심장 박동이나 머리가 두 개 있는 걸 알아 낼 수도 있지요. 보통 임신 8주째가 되면 초음파 검사로 쌍둥이 여부를 가려 낼 수 있어요.

● 쌍둥이가 태어나는 과정

쌍둥이라고 해서 아기가 하나일 때보다 분만 시간이 더 오래 걸리는 건 아니에요. 분만 1기는 한 번뿐인데, 일단 자궁이 열리면 두 아기 모두 나올 수 있기 때문이죠. 분만 2기에서는 첫 번째 아기가 나올 때 산도가 이미 벌어졌기 때문에 두 번째 아기는 금방 나오게 됩니다.

● 세 쌍둥이 이상

세 쌍둥이 이상일 경우에는 아기들이 일란성일 수도 있고, 이란성일 수도 있고 둘 다 섞여 있을 수도 있어요. 과거에는 한 번에 셋 이상의 아기를 낳는 일은 아주 드물었어요. 그러나 요즘은 아기를 가질 수 없는 여자들을 돕는 데 사용되는

세 쌍둥이 _ 일란성 쌍둥이 두 명(하나의 난자에서), 이란성 쌍둥이 한 명(다른 난자에서).

약물의 작용으로 난소에서 한번에 하나 이상의 난자를 만들어 내는 경우가 많아졌어요.

● 아기가 생기기 어려운 경우

부부가 아기를 가질 수 없는 데는 여러 가지 이유가 있을 수 있어요. 여자가 배란을 하지 않을 수도 있고, 남자가 튼튼한 정자를 만들지 못할 수도 있어요. 난자나 정자를 나르는 관이 손상됐을 수도 있고요. 그러면 의사가 배란이나 정자 생산을 촉진시키는 약을 주거나 손상된 관을 고칠 수 있어요.

● 시험관 아기

시험관 수정은 아기를 가질 수 없는 부부, 특히 나팔관이 막힌 경우의 부부를 돕기 위한 방법이에요. 시험관 수정이라고 부르는 이유는 시술 과정에서 시험관이 사용되기 때문이에요. 성공적인 결과를 얻기 위해서는 진행상 각 단계의 시기와 난자와 정자가 보관되는 온도 등 모두 신중하게 통제되어야 한답니다.

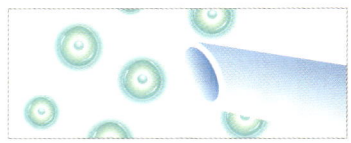

1. 의사가 여성의 복부를 통해 난소까지 관을 삽입해서, 그 달에 생산된 난자를 관을 통해 흡입합니다.

2. 난자를 접시에 담고 아빠의 정자도 함께 넣습니다. 정자 하나가 난자와 섞이고 분리되기 시작합니다.

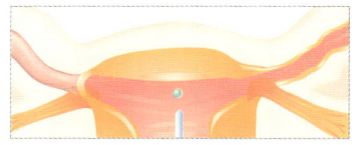

3. 세포가 8~16개 정도 생기면 질과 자궁경부로 삽입한 관을 통해 이를 다시 엄마의 자궁 속으로 집어넣습니다.

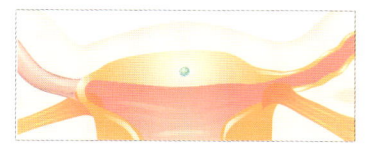
4. 수정된 난자가 자궁 내막에 착상되면 다른 일반적인 임신과 마찬가지로 자라기 시작합니다.

　시험관 수정의 경우 여성이 성숙된 난자를 한 번에 하나 이상 만들어 내도록 촉진하는 약물을 투여합니다. 그런 뒤 난자 두세 개를 채취해서 수정이 되면 다시 자궁에 넣는데, 이것은 수정된 난자가 착상될 확률을 높이기 위한 것입니다.

　다음에 다시 자궁 착상을 시도하기 위해 수정된 난자를 얼려 놓는 것도 가능해요. 그러면 임신 시도가 한번 실패했을 때 난자를 더 채취하지 않고도 다시 시도해 볼 수 있기 때문이죠. 임신 시도가 실패하거나 첫 시험관 시술로 임신에 성공한 산모가 아기를 더 낳고 싶어할 경우 냉동된 배아를 보관해 두기도 합니다.

8. 신생아

 어린 아기들도 자세히 보면 모습이 서로 다르고 각자 자기만의 개성이 있어요. 하지만 갓 태어난 신생아에게는 몇 가지 공통된 특성이 있는데, 이를 알아보도록 하지요.

아기들은 눈이 사팔눈처럼 보일 수도 있어요. 오랫동안 양쪽 눈동자를 나란히 고정시키는 게 힘들기 때문이죠.

처음 며칠 간은 탯줄의 일부가 아기 배꼽에 붙은 채 조금 남아 있어요. 남은 탯줄은 묶어서 클립으로 봉해 놓는데 얼마 후에 말라서 떨어집니다.

아기의 손가락과 발톱은 형태가 완전히 갖춰져 있어요. 발톱이 꽤 긴 경우도 있지만 아주 부드럽답니다.

처음에 아기들은 팔다리를 몸에 가까이 붙이는 경향이 있어요. 마치 아직도 엄마의 자궁 속에 갇혀 있는 것처럼 말이에요.

태어날 때부터 머리카락이 제법 덥수룩한 아기가 있는가 하면, 대머리에 가까운 아기도 있어요. 아기는 자궁 속에 있을 때는 온몸이 솜털같이 미세한 털로 덮여 있는데, 이 털은 태어난 후에도 몸과 얼굴에 남아 있는 경우도 있지만 곧 빠져서 없어진답니다.

아기의 머리 정수리에서 얼굴과 가까운 쪽 피부 밑에는 마름모 모양의 부드러운 부분이 있어요. 이 부분은 두개골에 싸여 있지 않은데, 이것을 천문이라고 하지요. 이 부분 위로 뼈가 완전히 덮이려면 보통 1년 정도 걸려요. 천문은 분만하는 동안 머리가 산도의 모양에 맞춰지도록 두개골이 약간 겹칠 수 있게 해 주는 역할을 해요. 이것 때문에 처음에 아기 머리가 이상하게 길쭉한 모양일 수도 있어요. 하지만 며칠만 지나면 다시 둥근 모양이 된답니다.

갓 태어난 아기의 피부에는 흔히 발진이나 반점, 멍이 있어요. 또한 처음 며칠 간은 피부가 건조하고 약간 벗겨질 수도 있어요.

아기들은 태어난 지 며칠 후에 피부가 노르스름해지는 경우가 많아요. 이건 아기의 간이 제대로 기능하기까지 시간이 좀 걸리기 때문인데, 그래서 황달 증상이 조금 나타나요. 이런 증상은 아기에게 해가 되지는 않으며, 치료를 하지 않고도 저절로 사라지기도 한답니다.

● 아기에게 출산이란 어떤 걸까?

우리는 태어날 때를 기억하지 못하므로 그저 어떨지를 상상해 볼 수밖에 없어요.

아기는 9개월 동안 엄마의 자궁 안에서 양수와 어둠, 엄마 몸에서 들리는 주기적인 소리에 둘러싸여 따뜻함과 편안함 속에 자라나요. 아기는 먹거나 숨쉴 필요가 없고, 필요한 것들은 모두 엄마의 혈액을 통해 끝없이 공급되지요.

그러다 갑자기 모든 게 변해요. 자궁벽이 가까이 다가와서 쥐어짜고 누르며 아기를 비좁은 통로를 통해 낯선 바깥세상으로 내보내죠. 나오자마자 숨을 쉬기 시작해야 하고, 몇 시간 내에는 음식을 섭취하고 소화시키고 노폐물을 내보내야 해요.

아무리 차분한 아기라고 하더라도 이렇게 짧은 시간에 새로운 자극을 이토록 많이 겪는다는 건 아마도 큰 충격일 거예요. 아기들마다 반응하는 방식은 달라요. 피곤해 하고 많이 자는 아기도 있고, 생생하게 깨어 있는 아기도 있지요. 어떤 아기는 기분이 좋지 않아 신경이 예민해지고, 또 어떤 아기는 차분하고 만족스러워해요. 아기의 기질이 어떻든 간에 가능한 한 아기가 서서히 세상을 경험할 수 있도록 해 주는 것이 중요하지요. 태어난 후 처음 몇 시간 동안은 특히 그렇답니다. 조명을 약하게 하고 아기를 조심스럽게 다루고 고요한 환경을 마련해 주면, 아기를 안심시키고 세상에 처음 나온 충격을 줄여 주는 데 도움이 됩니다.

9. 부모 되기

아기의 탄생은 부모와 다른 가족에게 아주 반가운 순간이에요. 동시에 자신들의 삶에 새로운 존재가 생긴 것에 모두가 적응해야 하는 시기이기도 하지요. 보통 첫아기는 부모의 삶에 큰 변화를 가져와요. 아기를 돌보는 방법을 익히고 부모가 되는 것에 익숙해지기까지는 시간이 걸립니다. 처음에는 다소 당혹감과 피로를 느낄 수도 있어요.

● 아기와 친해지기

아기가 태어나자마자 아기와 가깝다고 느끼는 부모도 있지만, 처음엔 아기가 낯설고 특별히 친밀한 관계가 형성되기까지는 며칠이나 몇 주가 걸리는 경우도 있어요.

아빠가 아기와 함께하는 시간을 갖고 아기를 돌보는 법을 배우는 건 중요해요. 때로는 아기와 엄마 간의 유대가 너무 가까워서 아빠가 소외감을 느끼고 질투할 수도 있거든요.

형제자매 또한 질투를 느낄 수 있어요. 아기의 탄생이 신나기는 하지만 새로운 사람에게 너무 많은 관심이 쏠리는 걸 보는 일은 힘들기 때문이에요. 이럴 땐 이 아이들도 아기와 시간을 함께 보내고 아기 돌보는 걸 돕도록 해 주면 좋아요.

● 엄마의 몸

엄마 몸에 일어난 큰 변화는 출산 후 다시 원래로 돌아가는 데 단 몇 주밖에 걸리지 않지만, 몸이 완전히 정상으로 돌아오는 데는 서너 달이 걸리는 게 보통이에요. 태반이 자궁에서 나가는 순간부터 변화는 시작돼요. 왜냐하면 태반이 대부분의 임신 호르몬을 만드는 역할을 하기 때문이에요. 이렇게 호르몬 수치가 갑자기 바뀌면 엄마의 기분에 영향을 줘서, 엄마가 우울해질 수 있어요. 하지만 호르몬 균형은 주로 얼마 안 가 정상으로 돌아온답니다.

새로이 엄마가 된 여성은 충분히 휴식을 취해야 해요. 출산과 신체에 일어나는 변화나 새로 태어난 아기를 돌보는 일 모두 엄청난 에너지를 소모하기 때문이에요.

질 주위 피부가 손상되어 봉합한 경우, 일주일 정도는 걷고 앉는 데 불편이 따를 수 있어요. 뜨거운 물로 목욕을 하면 편안해지고 상처가 낫는 데 도움이 됩니다.

임신 중에 늘어난 체중을 모두 뺄 수는 있지만 그러기 위해선 몇 달이 걸립니다. 운동은 살을 빼는 데 도움이 되고, 늘어난 근육을

튼튼하게 해 주지요. 허리와 배, 질에 있는 근육을 강화시키기 위해 특별히 고안된 운동도 있습니다.

● 자궁

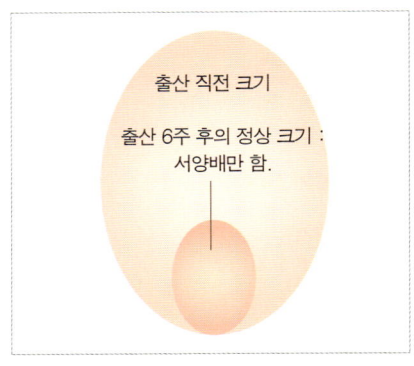

아기가 태어나고 약 6주가 지나면 엄마의 자궁은 정상 크기로 돌아옵니다. 이렇게 줄어드는 과정에서 자궁은 불규칙적인 간격으로 수축하고 이완해요. 산후통이라고 하는 이 수축은 생리통과 느낌이 비슷하고 출산 후 처음 며칠 간 가장 뚜렷이 나타납니다.

자궁이 수축하면서 자궁에 공급된 여분의 피도 밖으로 나와요. 그리고 임신 중에 생긴 두꺼운 내막도 분리가 되죠. 이 물질들은 출산 후 길게는 5~6주 동안 생리처럼 질 밖으로 나옵니다.

● 다음 임신은 얼마 만에?

여성은 아기를 낳은 후 적어도 6주 동안은 배란이나 생리를 하지 않아요. 그 이후로는 다시 아기를 가질 생각이 아니라면 성관계를 가질 때 피임을 해야 해요. 하지만 배란이 다시 시작되려면 서너 달이 걸릴 수도 있어요. 모유 수유를 하면 배란이 늦어지는 경향이 있지만, 반드시 배란을 막는다고 할 수는 없어요.

10. 아기 돌보기

가족에게 아기가 새로 생기면 사람들은 어떤 도움이든 고마워하게 되지요. 도움을 줄 수 있는 가장 좋은 방법에는 장보기, 청소, 설거지, 요리 등이 있어요. 지금부터는 어린 아기들이 뭘 하면서 시간을 보내는지 알려드릴 거예요. 하지만 자고, 먹고, 젖을 먹는 데 걸리는 시간은 아기마다 다르다는 걸 기억하세요. 다음에서는 아기 돌보는 방법을 몇 가지 소개할게요. 하지만 도우려고 시도하기 전에 먼저 아기 부모에게 정확히 뭘 해야 할지 반드시 물어 보세요.

처음 석 달 동안 아기들은 대부분 하루 14~18시간 동안 잠을 잡니다. 밤낮 내내 자다가 잠깐씩 깨서 젖을 먹어요. 시간이 지날수록 낮보다는 밤에 잠을 더 많이 자기 시작해요.

아기가 뭔가 필요하거나 문제가 있을 때 그걸 표현할 수 있는 방법은 우는 것밖에 없어요. 그래서 많은 아기들이, 특히 초기에 아주 많이 울어요. 약 한 달 동안은 잠깐씩 콧소리를 내거나 끙끙거리는 것 외에 아기들이 낼 수 있는 거의 유일한 소리가 울음소리랍니다.

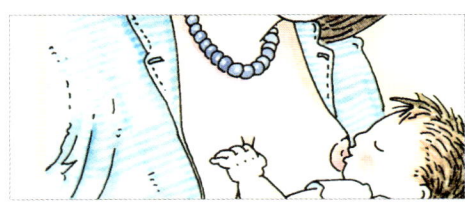

어린 아기들의 대부분은 서너 시간마다 음식을 먹어야 해요. 물론 이보다 더 자주 젖을 먹고 싶어하는 아기들도 있어요. 아기에게 필요한 유일한 음식은 모유나 우유예요. 아기는 태어나면서부터 본능적으로 빨고 삼키는 법을 안답니다.

갓 태어난 아기들은 움직임을 제대로 조절할 수 없어요. 이 때는 손으로 움켜쥐는 힘이 무척 강해서 조산사의 손가락을 잡고 매달릴 수도 있지만, 이건 반사(자동) 행동일 뿐 곧 사라집니다. 아기가 의도적으로 물건을 잡기까지는 여러 달이 걸립니다.

태어나는 순간부터 아기들은 시각, 청각, 후각, 촉각, 미각 같은 감각을 사용해서 자기 주변의 세상에 대해 배우기 시작해요. 출생 직후 아기는 자기 얼굴에서 약 20cm 거리에 있는 사물만 또렷하게 볼 수 있을 뿐이고, 그 외에는 모두 흐릿하게 보여요. 그 후 몇 주 동안 아기는 눈의 초점을 바꾸는 방법을 익히게 됩니다.

● **아기가 울 때는 어떻게 해야 할까?**

아기의 울음소리는 원인이 무엇인가에 따라 다르지만, 때로는 부모조차도 아기가 뭘 말하고 싶어 하는지 알아차리기가 어려워요. 아기가 울만 한 분명한 이유를 알 수 없을 때는 가능한 원인을 살펴보세요.

1. 배가 고프다 – 마지막으로 젖을 먹은 게 언제인가?
2. 기저귀를 갈 때가 됐다(171~174쪽을 참조하세요).
3. 공기가 들어가서 아기가 불편해한다(169쪽을 참조하세요).
4. 너무 덥거나 너무 춥다(아기 목 뒤쪽을 만져 보세요).

5. 심심하고 외로워서 뭔가 재미있는 일이 필요하다(아래의 내용을 참조하세요).

6. 피곤하지만 잠이 오지 않는다(160쪽을 참조하세요).

● 아기와 즐겁게 놀아 주기

아기가 배고프거나 피곤하거나 불편해 보이지 않으면 다음과 같은 방법으로 아기를 즐겁게 해 줘 보세요.

1. 아기가 쳐다볼 만한 것을 주세요. 아기들은 색깔이 밝은 것, 움직이는 것, 그리고 무엇보다도 사람들의 얼굴을 쳐다보는 것을 좋아한답니다.

2. 아기들은 보통 음악과 규칙적인 소리를 듣는 걸 좋아해요. 때로는 소리에 박자를 맞춰서 팔다리를 움직이기도 하지요. 또 아기들은 사람들의 목소리를 듣는 것도 좋아합니다.

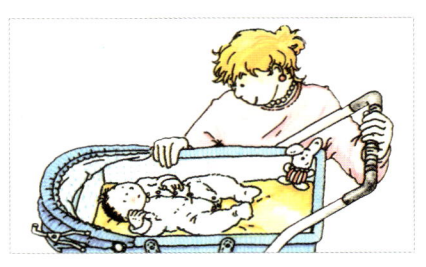

3. 아기를 살살 흔들어 주세요. 아기들은 대부분 부드러운 움직임을 좋아합니다. 아기를 안고 이쪽 저쪽 걷거나 팔로 안거나 요람에 눕혀 흔들어 주거나, 유모차에 태워 밀어 주세요.

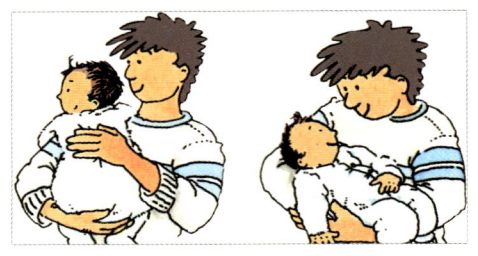

4. 아기들은 안기는 걸 좋아해요. 아기를 들어올리거나 내려놓을 때는 한 손은 아기 목 뒤에 두고, 다른 한 손은 엉덩이 밑에 두세요. 아기는 스스로 목을 지탱할 수 없으므로, 늘 아기 머리를 받쳐 주는 걸 명심하세요. 아기가 안는 사람의 어깨 너머를 바라보도록 세워 안거나, 팔이 접히는 곳이 아기 머리를 지탱하도록 눕혀 안으세요.

5. 아기는 배가 고프지 않을 때도 빠는 동작을 통해 편안함과 즐거움을 느껴요. 어떤 아기는 부모가 주는 고무 젖꼭지를 빨고, 또 어떤 아기는 엄지손가락을 빨기도 해요.

● 아기 재우기

피곤하면 쉽게 잠드는 아기들도 있지만 어떤 아기들은 재워 주어야 하는 경우가 있는데, 특히 하루 중 특정 시간에 그럴 때가 많아요. 빨기, 흔들어 주거나 유모차에 태워 밀어 주기, 부드러운 주변의 소리 모두 아기가 긴장을 푸는 데 도움이 될 수 있어요.

때로는 아기가 긴장을 풀고 잠이 들 때 아기 몸의 경련이 잠을 방해하는 경우가 있어요. 이럴 때는 천으로 아기를 감싸 주면 아기가 더 편히 자리를 잡을 수 있어요. 천을 두를 때는 아기의 팔이 양쪽으로 고

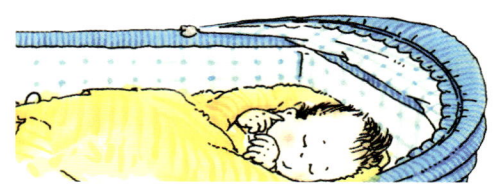

정되게 해야 하지만 손은 아기가 빨 수 있는 위치에 있어야 해요.

전문가들은 부모에게 아기를 재울 때 엎드리게 하지 말고 옆으로 눕히거나 등이 닿게 바로 눕히라고 조언해요. 아기는 한번 어떤 자세에 익숙해지면 다른 자세로는 잠을 안 잘 수도 있어요. 처음엔 스스로 몸을 돌릴 수 없거든요.

● 목욕 준비

물이 가득 든 욕조에서 미끄러운 아기를 안전하게 안고 있기란 힘든 일이에요. 특히 아기가 목욕을 좋아하지 않을 땐 더욱 힘들죠. 목욕을 시킬 때 최선의 방법은 필요한 모든 걸 준비해 두는 거예요.

아기를 매일 목욕시키는 엄마도 있고 며칠에 한 번씩 목욕을 시키는 엄마도 있어요. 목욕을 시키는 사이사이에 아기의 얼굴과 손, 엉덩이만 씻겨요. 나머지 부위는 아기가 주변을 돌아다니기 전까지는 그리 더러워지지 않는답니다.

자그마한 아기에게 일반 욕조는 너무 크고 무서워요. 그래서 처음 2~3개월 동안에는 대부분 이동식 아기 욕조나 통을 사용합니다.

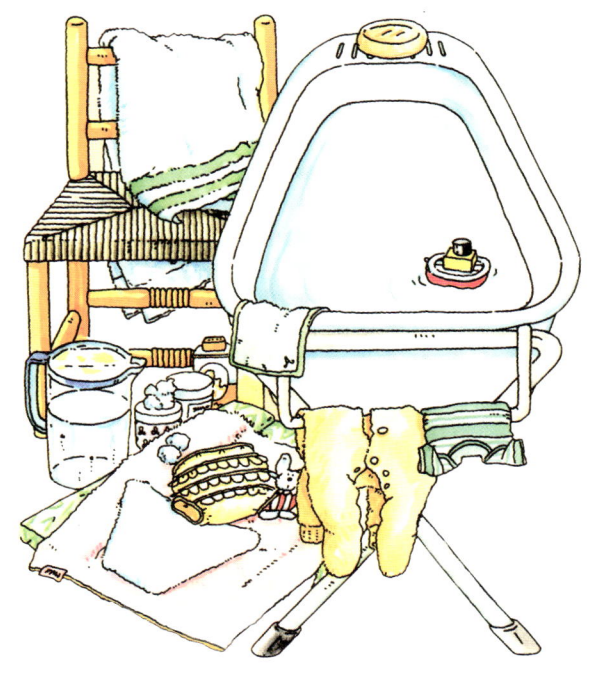

1. 욕조에 물을 담을 땐 바가지나 주전자를 사용하세요. 항상 찬물을 먼저 부어야 해요. 뜨거운 물을 먼저

부으면 플라스틱 욕조가 달아올라서 아기가 델 수 있어요.

2. 팔꿈치로 물 온도를 재어 보세요. 손은 신체의 다른 부위에 비해 뜨거운 데 익숙해져 있기 때문이에요. 물은 편안하게 따뜻한 정도여야 해요. 실내 온도 또한 따뜻해야 한다는 것도 명심하세요.

3. 함께 챙겨 둘 용품
   - 비누나 아기용 액체 세정제
   - 탈지면
   - 수건
   - 깨끗한 옷
   - 기저귀 갈 때 필요한 도구

11. 젖 먹이기

처음 2~3개월 동안 아기에게 필요한 음식은 젖뿐이에요. 엄마의 젖이나 젖병으로 우유를 먹게 되죠. 이 기간이 지나면 점차 다른 음식을 먹기 시작하고, 생후 1년쯤 지나면 일반적인 음식 대부분을 먹게 됩니다.

● 유 방

여성의 유방은 아기에게 먹일 젖을 만들어 내요. 이것이 여자에게 유방이 있는 가장 주된 이유죠. 모든 여성의 유방에는 젖을 생산하는 세포가 있지만, 아기를 낳지 않을 땐 이 세포가 활동을 하지 않아요.

젖을 만들어 내는 변화는 임신 기간에 시작되고, 엄마의 피 속에 있는 호르몬이 이러한 변화를 일으킵니다. 가장 주요한 모유 수유 호르몬을 만들어 내는 곳은 뇌의 아래쪽에 위치한 뇌하수체랍니다.

양쪽 유방에는 각각 젖을 생산하는 세포와 유두 입구로 연결되는 유관 망이 있어

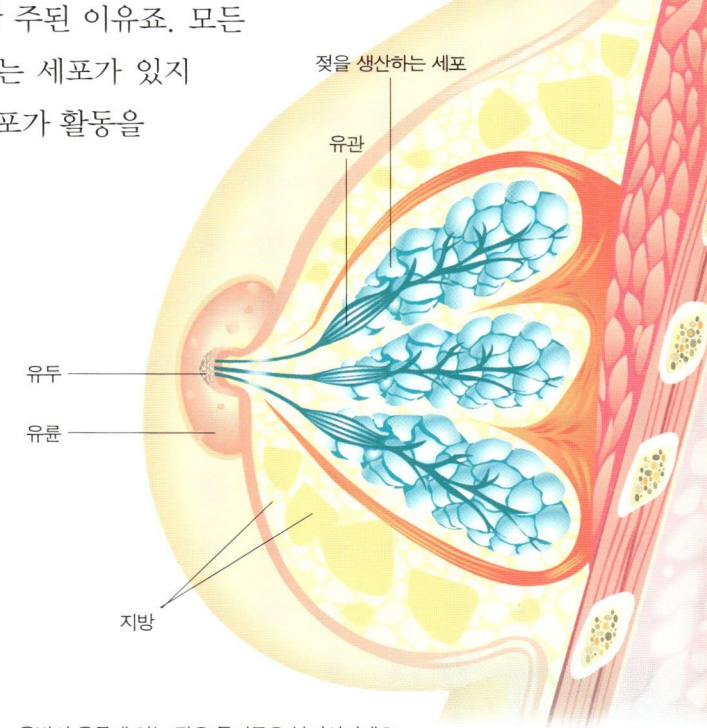

유방의 유륜에 있는 작은 돌기들은 분비선이에요.
모유를 수유할 때 이 곳에서 유두를 보호하는 체액이 분비됩니다.

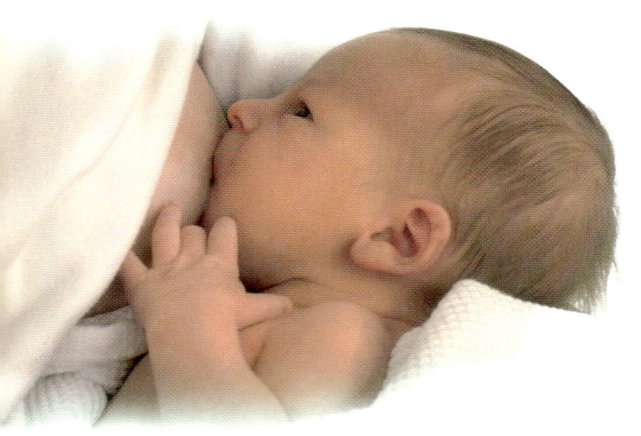

모유 수유는 엄마와 아기의 친밀한 관계를 만들어 줍니다.

요. 젖을 생산하는 세포들은 지방층으로 덮여 있는데, 이 지방층에 따라 유방의 형태와 크기가 결정됩니다. 지방은 젖을 만드는 것과는 아무 상관이 없으므로 모유를 수유하는 데는 유방이 작거나 크거나 아무런 차이가 없답니다.

임신을 하면 일부 지방 대신 유관과 젖을 생산하는 세포 수가 증가하고, 유방에 혈액 공급도 증가해요. 출산 후에는 혈액 속의 호르몬 수치가 변하면서 젖을 만들어 내도록 유방에 신호를 보내요. 모유는 유방으로 들어오는 혈액에서 가져온 물질로 구성되는데, 젖이 만들어지면 유관으로 흘러들어가요.

● 모유 수유의 원리

1. 아기가 엄마의 젖을 빨면 유두에 있는 민감한 신경말단이 자극되고 이것이 뇌에 신호를 보내요. 그러면 뇌는 뇌하수체에게 옥시토신이라는 호르몬을 분비하라고 명령을 내리죠. 옥시토신은 젖을 생산하는 세포와 유관 주변의 근육 세포들을 수축시키고, 이로 인해 젖이 유관을 따라 내려가서 유두로 나오게 됩니다. 이 과정을 '사출 반사'라고 해요. 이것은 엄마가 긴장하지 않고 편안한 상태일 때만 가능하답니다.

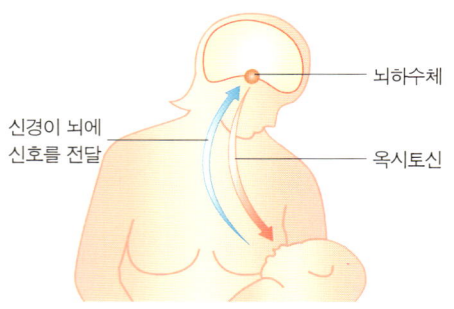

2. 아기가 젖을 빨면 자극을 받은 뇌하수체는 프로락틴이라는 또 하나의 중요한 호르몬을 내보내요. 이 호르몬은 젖을 더 만들어 내라고 유방에게 명령하는 역할을 하지요. 따라서 아기가 빠는 정도에 따라 젖이 만들어지는 양이 조절되어요. 젖먹이기를 그만두고 싶을 경우, 엄마가 천천히 아기가 빠는 것을 중단시키면 젖의 양이 점차 줄어듭니다.

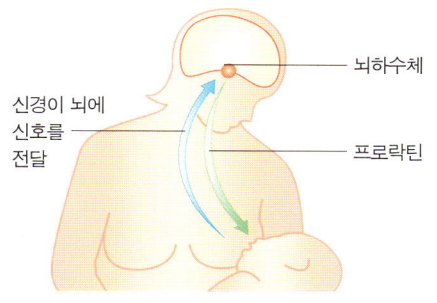

● 건강한 모유

모유는 아기가 필요로 하는 모든 영양 성분을 적절한 비율과 적당한 온도로 공급해 줘요. 아기가 소화하기도 쉽고, 세균을 퇴치해서 감염을 막아 주는 항체라는 단백질도 들어 있어요. 모유 수유는 엄마가 아기와 친밀한 관계를 형성하는 데도 도움을 준답니다.

● 모유 수유의 어려운 점

모유 수유는 엄마가 기꺼이 하고 싶어 하는 경우에만 잘 진행될 수 있어요. 여성 중에는 모유 수유를 하고 싶어 하지 않거나 민망해하는 사람도 있어요. 엄마가 어떻게 느끼는가는 주변 사람들의 태도가 큰 영향을 미친답니다. 유두에 통증이 있는 등의 초기 문제로 인해 모유 먹이기를 미루는 경우도 있고, 모유 수유를 할 수 없는 의학적인 문제가 있는 경우도 있어요.

● 엄마의 식단

 아기에게 먹일 만큼의 충분한 젖을 생산하고, 자기 몸이 필요로 하는 영양을 채우기 위해 엄마는 영양가 높은 음식을 많이 먹어야 해요. 모유 수유를 하면 하루에 600~800칼로리가 추가로 소모되기 때문이에요. 엄마는 또한 액상 식품을 많이 마시고 가능한 한 충분한 휴식을 취해야 해요.

 엄마가 먹고 마시는 음식은 모유의 성분과 맛에 영향을 주고, 아기에 따라 특정 음식에 거부감을 나타내기도 해요. 알코올은 젖으로 나올 수 있지만 조금만 마실 경우에는 아기에게 해가 없어요. 니코틴과 특정 약물과 약품 또한 젖에 섞여 나올 수 있어요.

● 젖병 수유

 아기에게 젖병 수유를 하기로 결심한 엄마들의 경우, 우유를 준비하고 젖병과 여러 도구를 세정하는 일은 많은 시간이 걸립니다. 여러분이 이 일을 도와 주거나 아기에게 젖병을 물릴 수도 있을 거예요. 아기의 부모가 정확히 어떻게 해야 하는지 보여 줘야 하겠지만, 우선 몇 가지 방법을 알려 드릴게요.

● 세균 퇴치

 신생아의 몸은, 어른들에게는 그리 해롭지 않은 세균에 대해 아직 저항력을 기르지 못한 상태입니다. 우유, 특히 따뜻한 우유는 세균이 번식하기에 최적의 환경이에요. 그래서 어린 아기의 입으로 들어가거나 아기가 먹을 우유에 닿는 모든 것은 반드시 살균을 해야 합니다. 수유 도구를 살균하는 방법은 다음 두 가지가 있어요. 어떤 방법을 사용하든 살균을 시작하기 전에 도구를 아주 깨끗이 씻어야 합니다.

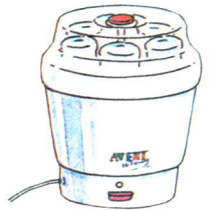
1. 젖병, 고무 젖꼭지 등을 전자 스팀 살균기에 넣고 물을 조금 부은 뒤 스위치를 켜세요. 증기가 나오면서 10분 정도 만에 살균이 끝납니다.

2. 도구를 화학 약품으로 된 살균 용액에 담그고 30분 이상 그대로 둡니다. 살균 용액을 섞는 방법은 포장에 있는 지시 사항을 참조하세요.

이 밖에 세균 퇴치를 위해 지켜야 할 사항
- 젖병을 만지거나 우유를 섞기 전에는 항상 손을 씻으세요.
- 아기에게 먹일 물은 끓여서 살균한 뒤 식혀서 사용하세요.
- 우유를 섞은 후엔 즉시 사용하거나 냉장고에 넣어 보관하세요. 우유를 실온에 두면 세균이 번식합니다.

● 우유와 젖병

아기가 생후 1개월이 되기 전까지는 우리가 먹는 보통 우유를 주면 안 돼요. 그 우유는 아기가 소화시킬 수 없기 때문이에요. 젖병 수유를 하는 아기들을 위해 다양한 상표의 특수 제조된 우유가 나와 있어요. 대부분은 우유를 주원료로 해서 모유에 최대한 가깝게 가공한 제품이죠. 이것을 조제 분유라고 하고, 보통 분말 형태로 생산됩니다.

조제 분유는 끓인 물과 섞어야 해요. 분유를 섞는 방법은 용기에 적혀 있어요. 주의 깊게 지시 사항을 따르고 정확한 양의 분유를 사용하는 것이 매우 중요합니다. 분유 농도가 너무 진하면 아기에게 매우 좋지 않거든요.

젖병은 대부분 유리나 플라스틱 재질이고, 잠금 나사로 젖병과 연결되는 고무 젖꼭지가 있어요. 또 젖꼭지를 덮는 플라스틱 뚜껑과 우유가 새지 않도록 젖병을 봉하고 싶을 경우 잠금 나사 밑에 넣는 중간 마개도 있습니다.

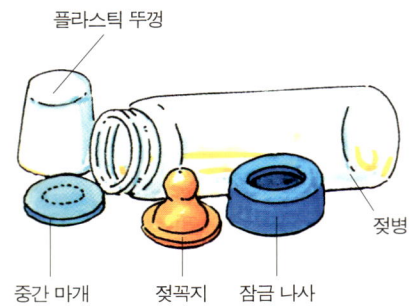

● 우유 먹이기

1. 손바닥 쪽 손목에 우유를 몇 방울 떨어뜨려서 온도를 짐작해 봅니다. 우유는 일 초에 3~4방울 정도 나오도록 하고 따뜻해야 해요. 찬 우유가 아기에게 나쁜 건 아니지만, 아기들은 따뜻한 상태를 더 좋아한답니다. 우유가 너무 차면 젖병을 따뜻한 물이 담긴 그릇에 넣어 두고, 너무 뜨거우면 냉장고에 넣어 두세요.

2. 의자에 편히 앉아서 아기를 한 팔로 안으세요. 아기를 수직에 가깝게 세워 안아서 머리가 배보다 훨씬 위로 가게 해야 돼요. 팔에 쿠션을 대세요. 그렇게 하지 않으면 팔이 아플 거예요.

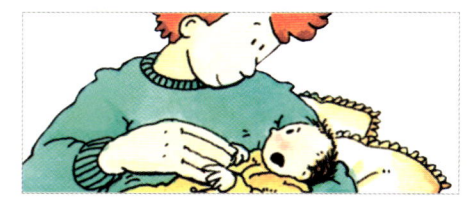

3. 아기 목 주위에 천을 깔거나 우유가 흐를 경우 즉시 닦을 수 있게 천을 가까이에 두세요.

4. 자신과 가까운 쪽의 아기 뺨을 살짝 만지세요. 그러면 아기가 여러분 쪽으로 고개를 돌릴 거예요.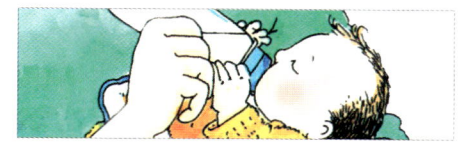
젖병의 고무 젖꼭지를 아기 입술에 갖다 대면 아기가 그걸 빨기 시작해요. 젖꼭지가 아기 입 안에 잘 들어갔는지 확인하고 젖병은 계속 비스듬히 위로 잡고 있으세요. 그래야 젖꼭지 안에 공기가 차지 않고 우유가 차 있게 되니까요.

5. 우유를 먹이는 동안 젖꼭지가 납작해져서 우유가 나오지 못할 때가 있어요. 이럴 경우, 아기 입에서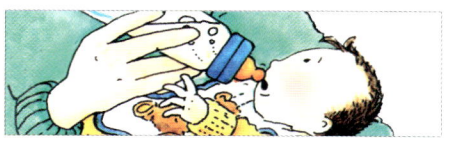
부드럽게 젖꼭지를 빼서 젖병 안으로 공기가 조금 들어갈 수 있도록 하세요.

아기가 잠깐 쉬고 싶어할 수도 있어요. 그럴 때 아기는 빠는 걸 멈추고 젖병을 놓아 버립니다. 또한 공기가 들어가서 빼내야 하는 경우일 수도 있어요(아랫부분을 참조하세요). 트림을 시켰는데도 아기가 다시 젖병을 물고 싶어 하지 않으면, 이미 배가 불렀다는 뜻일 수도 있어요.

● 트림 시키기

아기들은 대부분 젖을 먹는 도중에 공기를 같이 삼키는 경향이 있어요. 이 공기는 우유와 함께 아기의 위로 내려가서 불쾌하게 배가 가득 찬 느낌을 갖게 하거나 통증을 일으킬 수 있어요. 이런 경우 아기들은 트림을 해서 공기를 빼내야 합니다.

우유는 공기보다 무거워요. 따라서 공기를 빼내

기 위해선 아기를 똑바로 세워서 안고 있으면 돼요. 그러면 공기가 우유 위로 올라와서 밖으로 빠져 나가게 되죠. 1~2분이 지나도 아기가 트림을 하지 않으면 아기의 등을 부드럽게 쓰다듬거나 두드리세요. 그래도 트림을 안 하면 공기가 들어가지 않은 겁니다.

● 우유 토하기

아기 위 속에서 공기가 우유보다 밑에 있는 경우, 아기가 트림을 하면 우유를 조금 토하게 돼요. 우유를 너무 많이 먹었을 때도 토할 수 있어요. 이런 경우 걱정할 필요는 전혀 없답니다.

● 딸꾹질

아기들은 자주 딸꾹질을 해요. 특히 우유를 먹은 후에는 더 그래요. 아기는 딸꾹질을 해도 별로 불쾌해 하지 않고, 이것이 아기에게 해로운 것도 아니랍니다.

12. 기저귀 갈아 주기

기저귀 갈기는 아기를 돌봐 주는 매우 유용한 방법이에요. 신생아는 하루에 6~8번 기저귀를 갈아 줘야 하고, 대부분의 아기는 적어도 생후 2년이 될 때까지 기저귀를 차게 됩니다. 기저귀는 보통 아기가 젖을 먹기 전후와 기저귀가 더러워졌다고 여겨질 때 갈아 줘요. 여러분이 직접 해 보기 전에 아기의 부모가 기저귀 가는 것을 관찰해 봐야겠죠.

● 기저귀의 종류

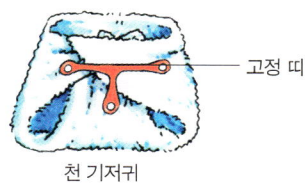

기저귀는 크게 두 가지 종류가 있어요. 사용한 뒤 빨아서 다시 사용하는 천 기저귀와 사용 후 버리는 일회용 기저귀가 있지요. 일회용 기저귀보다 천 기저귀가 환경에는 더 좋지만 기저귀를 빨아 쓰면 부모의 일이 더 늘어나게 되죠.

천 기저귀는 주로 네모난 천으로 되어 있어요. 이 기저귀는 사용 전에 접어서 써야 해요. 기저귀 핀(핀이 열리지 않게 해 주는 안전머리가 달린 큰 안전핀)이나 고정 띠를 이용해서 기저귀를 고정시키세요.

네모난 기저귀 천을 접는 방법은 몇 가지가 있어요. 아래 그림은 연 모양으로 접는 방법이에요.

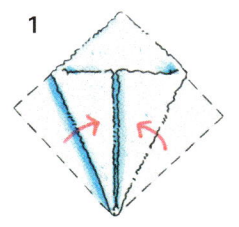 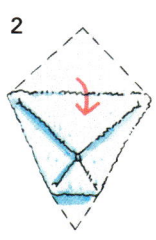 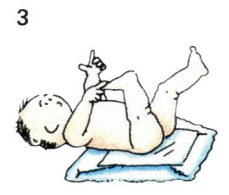 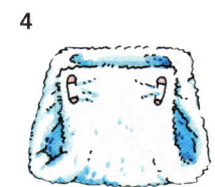

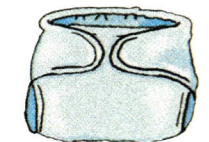

모양이 잡혀 있는 천 기저귀　방수 커버

모양이 잡혀 있는 천 기저귀는 몸에 꼭 맞게 만들어졌고, 다리를 끼우는 부분이 늘어나게 돼 있는 경우도 있어요. 이 기저귀는 주로 벨크로나 스냅단추로 고정시키며, 방수 커버가 필요해요. 올인원 제품은 방수 커버가 붙어 있어요.

일회용 기저귀

옆 그림과 같은 일회용 기저귀는 고정시킬 수 있는 접착 테이프가 붙어 있어요. 팬티형 기저귀는 누워서 기저귀 가는 걸 싫어 하는 좀 더 큰 아기를 위한 제품이에요. 이 기저귀는 벗기 쉽게 한쪽을 분리할 수 있게 되어 있어요.

● 기 저 귀 안 감

기저귀 안감은 네모난 일회용 재질로, 재사용하는 천 기저귀 안에 넣어 기저귀가 많이 더러워지는 걸 막는 데 사용해요.

● 방 수 바 지

방수 바지는 기저귀 종류에 상관 없이 함께 사용할 수 있어요. 끼워 입히는 종류와 스냅 단추로 채워 입히는 종류가 있어요.

● 기 저 귀 갈 기

기저귀를 갈기 전에 필요한 물품이 모두 손에 닿을 거리에 있는지 확인하세요. 그래야 물건을 찾는 동안 아기를 혼자 내버려 두지 않아도 되니까요. 필요한 물품은 다음과 같습니다.
- 아기를 눕힐 수 있는 비닐이 덮인 기저귀 깔개나 수건.
- 아기 엉덩이를 닦는 데 필요한 아기용 물 티슈나 아기 로션 또는 따뜻한 물이 담긴 통.
- 부모가 사용하는 경우, 아기 엉덩이에 바를 크림.
- 깨끗한 기저귀와 기저귀 안감, 방수 바지, 평소 사용할 경우 핀, 또는 고정 띠. 천 기저귀는 사용 전에 접어 두세요.
- 더러운 기저귀를 버릴 양동이나 휴지통, 또는 비닐 봉투.
- 기저귀가 샌 경우에 대비한 깨끗한 옷.

1. 아기를 무릎 위에 눕혀도 되지만 평평한 바닥에 기저귀 깔개나 수건을 펴고 아기를 눕히는 것이 더 편해요. 바닥은 가장 안전한 장소지요.

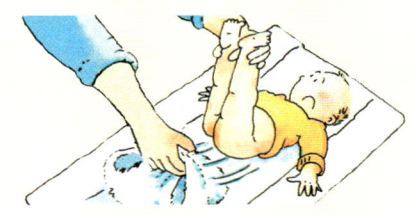

2. 아기의 기저귀를 풀고 엉덩이를 높이 들어올리세요. 이 때 손가락 하나를 사이에 두고 한 손으로 양쪽 발목을 잡으세요. 다른 손으로 더러워진 기저귀를 빼내세요.

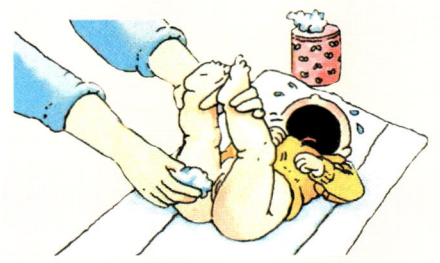

3. 아기용 물 티슈나 따뜻한 물로 엉덩이를 깨끗이 닦아 내세요. 물을 사용했을 경우 반드시 피부를 건조시켜 주세요.

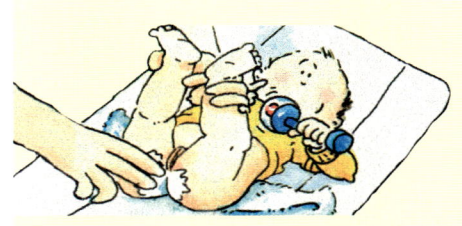

4. 깨끗한 기저귀를 아기 밑에 놓고, 아기의 부모가 원했을 경우 엉덩이에 크림을 발라 주세요. 크림은 기저귀 발진을 예방하거나 치료하기 위해 사용하는 경우가 있습니다.

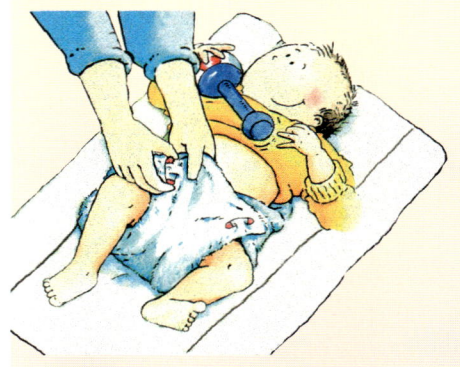

5. 아기의 다리 사이로 기저귀 앞부분을 잡아 올려서 고정시키세요. 일회용 기저귀일 때 끈끈한 접착면에 크림이 묻지 않게 조심하세요. 크림이 묻으면 접착력이 없어져서 접착 테이프를 덧붙여야 하니까요. 기저귀 핀을 사용할 땐 아기가 찔리지 않도록 아기 피부와 핀 사이에 손가락을 놓고 고정시켜요.

6. 손을 씻어요.

13. 개월별 아기의 변화

아기가 처음 태어났을 때는 자기 몸을 움직이는 능력이 거의 없어요. 하지만 생후 1년여 동안 아기는 여러 신체 부위를 원하는 대로 움직이는 법을 매우 빨리 익히게 됩니다. 아기의 발달은 머리에서 시작해서 아래쪽으로 옮겨 가고, 마지막으로 다리와 발을 자유롭게 움직이게 되죠. 아기마다 발달 속도가 다르고, 초기 발달은 이후 자랐을 때 운동 능력과 거의 상관이 없다고 봐요. 이 단원에서 제시하는 연령은 각 발달 단계가 일어나는 하나의 기준일 뿐이고, 실제로는 많은 차이가 있을 수 있어요. 그러나 모든 아기들은 여기에 제시한 것과 같은 단계를 같은 순서로 밟는 경향이 있어요.

● 머리 지탱하기

출생 직후
아기를 안아 올리면 아기 머리가 아래로 처져요. 아기의 목 근육이 머리를 지탱할 수 없기 때문이죠. 아기가 엎드려 있을 땐 얼굴을 옆으로 돌릴 수 있을 정도로만 고개를 들 수 있어요.

생후 6주
아기는 등을 대고 누워 있을 때는 머리를 좌우로 돌릴 수 있게 돼요. 엎드린 자세에서는 2~3초 동안 고개를 들 수 있어요.

생후 3개월
엎드린 자세로 고개와 어깨를 들 수 있고, 등을 세워 안았을 때 고개를 지탱할 수 있어요.

생후 6개월
등을 대고 누운 자세에서 고개를 들 수 있어요.

● 손 사용하기

생후 3개월
아기는 자기에게 손이 있다는 사실을 알게 돼요. 손으로 장난을 치고, 쳐다보고, 손에 놓인 물건을 잠깐 동안 잡고, 손을 뻗어 물건을 만져요.

생후 6개월
물건을 가볍게 치거나 어루만지고, 손을 뻗어 양손에 물건을 쥐고, 물건을 한 손에서 다른 손으로 옮겨요.

생후 7개월
한 손만으로 물건을 집어들 수 있어요. 이 때 엄지와 나머지 손가락을 국자처럼 함께 모아서 잡고 있어요. 손에 쥔 물건을 다른 사람에게 내밀기도 하지만 놓을 줄은 몰라요.

생후 9개월
손가락 각각에 대한 통제력이 생기기 시작하고 한 손가락으로 물건을 가리켜요.

생후 11개월
엄지와 다른 손가락 사이로 물건 쥐는 법을 습득하고 아주 작은 물체를 집어들 수 있어요.

생후 12개월
손가락을 펴서 물건을 놓을 줄 알게 돼요.

● 뒤집기

출생 직후
신생아는 자연스레 웅크린 자세를 취해요. 이것이 팔다리를 펼 공간이 없던 자궁 안에 있을 때 자세이기 때문이지요.

생후 3개월
아기의 몸이 펴졌어요. 등을 댄 자세에서 옆으로, 다시 옆에서 등을 대는 자세로 몸을 돌릴 줄 알게 돼요.

생후 4개월

엎드린 자세에서 등을 대고 눕는 자세로 몸을 뒤집을 줄 알게 돼요.

생후 6개월

등을 대고 누운 자세에서 엎드린 자세로 몸을 뒤집을 줄 알게 돼요.

생후 8개월

어떤 아기들은 계속 구르면서 이동할 줄 알게 돼요.

● 앉기

출생 직후

아기를 앉히면 등이 앞으로 굽고 머리는 무릎 쪽으로 내려가요.

생후 6주

쿠션이나 아기 의자를 사용해서 앉은 자세를 지탱시킬 수 있어요.

생후 4개월

팔을 잡아 주면 앉은 자세를 유지할 수 있어요.

생후 6개월

지탱해 주지 않아도 2~3초 동안 앉아 있을 수는 있지만 균형을 잘 잡지 못해요. 등 아랫부분은 여전히 굽어 있어요.

생후 7개월

양손을 바닥에 대고 균형을 유지할 수 있어요.

생후 8개월

고정된 자세에서는 받쳐 주는 물건이 없이도 앉을 수 있어요.

생후 9개월

장난감을 잡기 위해 앞으로 손을 뻗을 수 있고, 옆이나 뒤에 있는 물체를 향해 몸을 돌릴 수 있어요. 나중에는 엉덩이를 끌면서 움직이기 시작하는 경우도 있어요.

생후 12개월

한쪽으로 몸을 돌려 엎어지면서 다시 누울 줄 알게 돼요.

● 기기

생후 4개월
양 팔과 손에 무게를 실어서 머리와 어깨를 들 수 있어요.

생후 5개월
가슴과 다리를 모두 바닥에서 들어올려 수영하듯 허우적거리는 동작을 해요.

생후 6개월
무릎을 꿇고 앉아 기려는 자세를 취해요.

생후 8개월
몸을 앞뒤로 흔들고 돌리지만 실제로 이동하지는 못해요.

생후 9개월
양팔과 다리를 조정해서 움직이지요. 아기는 앞으로 가기보다 뒤로 가기를 먼저 익히는 경우가 많은데, 다리보다 팔 힘이 더 세고 조정이 더 잘 되기 때문이에요.

● 걷기

생후 6개월
발이 단단한 표면에 닿은 상태에서 똑바로 선 자세로 잡아 주면, 다리를 굽혔다 폈다 해서 위아래로 반동을 해요. 그런 뒤에는 한쪽 발에서 다른 발로 반동을 하고 나중에는 한쪽 발을 다른 발보다 앞에 놓아요.

생후 10개월
스스로 양 발에 무게를 싣지만 균형을 유지할 수는 없어요. 가구나 다른 사람을 잡고 일어설 수 있어요. 처음에는 도움 없이는 다시 앉지 못해요.

생후 11개월
양손을 잡아 주면 앞으로 걸을 수 있어요.

생후 12개월
가구를 붙잡고 옆으로 걸어요.

생후 13개월
지탱하는 물건 없이 일어서고, 가구의 틈 사이로 한 발 내딛는 법을 익혀요.

생후 15개월
짧은 거리는 제법 안정적으로 걸을 수 있어요.

● 성장과 체형의 변화

생후 2~3주

생후 1년

생후 2년

　같은 나이의 아기라도 키와 몸무게는 아주 다르지만, 모든 아기에게 생후 2년간은 매우 빠른 성장을 보이는 시기예요. 성장 속도와 양은 주로 양쪽 부모로부터 물려받은 특성에 따라 달라져요.

　생후 첫 주 동안 아기들은 대부분 몸무게가 줄었다가 생후 10일이 되면 출생 당시의 몸무게를 회복해요. 평균 체격인 아기는 생후 6개월에 출생 체중의 두 배 가량 나가고, 생후 1년이 되면 출생 체중의 세 배 정도가 됩니다.

　아기의 키는 처음 1년 동안 50% 정도 자라요. 생후 18개월이 되면 여자 아기는 성인이 됐을 때 키의 절반 정도로 자랍니다. 남자 아기는 생후 2년쯤 지나야 성인 키의 절반 정도가 됩니다.

신체 비율 또한 생후 처음 2년 동안 변해요. 생후 첫해에는 급격히 자라는데도 불구하고 몸 전체에 비해 머리의 비율이 줄어들어요. 팔다리 길이의 비율은 나머지 신체 부위에 비해 길어져요. 생후 2년째에는 몸통이 길어지고 더 단단하고 근육이 발달해요.

● 치아

아기는 태어날 때 이가 하나도 나지 않은 경우가 대부분이에요. 첫 번째 이는 생후 6개월 정도 지났을 때 나기 시작하지만, 1년 동안 이가 나지 않는 경우도 많아요. 때로 태어날 때부터 이가 보이는 경우도 있을 수 있어요. 생후 3년이 지나면 대부분 아이들이 이가 모두 난답니다.

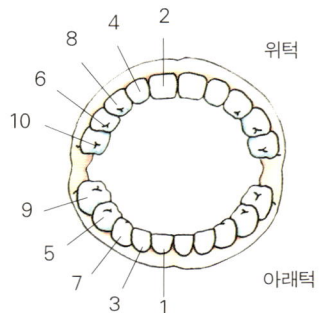

때로는 치아가 잇몸을 뚫고 나올 때 아기가 고통스러울 수도 있어요. 이럴 때 아기는 아파하고 짜증을 부리기도 하지요. 또한 침을 흘리거나 양 볼에 붉게 얼룩진 자국이 생길 수도 있어요.

최초로 나는 치아, 즉 젖니는 20개로 이루어져 있어요(두 번째로 나는 치아는 32개예요. 아이가 6~7세가 되어서야 나기 시작하지요). 치아가 나오는 순서는 주로 위쪽에 있는 그림과 같아요. 치아의 절반에만 숫자가 매겨져 있는 건 나머지 절반의

빨간 볼 증상을 보이는 이가 나는 아기.

치아도 거의 같은 시기에 나는 경향이 있기 때문이에요.

● 놀이와 학습

아기들은 생후 첫 2년 동안 빠른 속도로 학습을 해요. 놀이는 아기가 배운 것을 학습하고 시험해 볼 수 있는 주된 방법 중 하나이지요. 아기와 놀아 줄 때는 아기가 사물을 이해하고 그것에 반응할 수 있는 충분한 시간을 주세요. 아기들은 좀 더 자란 아이들보다 반응이 훨씬 느리거든요.

아기는 대부분 주의 지속 시간이 짧아요. 물론 어떤 놀이를 정말 좋아해서 계속 그 놀이를 하고 싶어 하는 경우도 있지만요. 아기들은 다양한 대상을 가지고 놀고 싶어 하지만, 사람들이나 가정에 있는 물건도 가게에서 산 장난감 못지않게 아기를 즐겁게 하고, 또 아기 교육에 사용할 수 있답니다. 몇 가지 놀이 방법을 아래에 소개할게요.

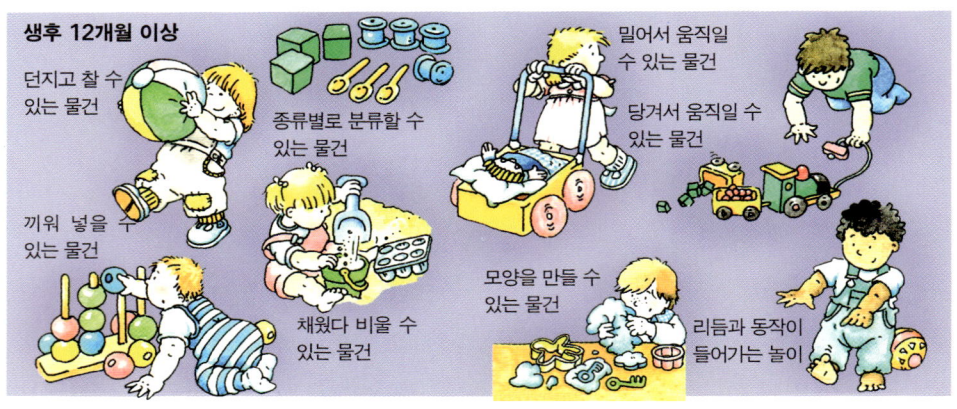

● 언어 습득

아기는 말을 하기 훨씬 전부터 의사 소통을 시작해요. 표정과 동작을 통해, 또 미소를 짓고(생후 약 6주부터), 웃고(생후 약 4개월부터), 다양한 소리를 내서 의사 표현을 합니다. 상대방이 반응을 많이 할수록 아기는 더 많은 의사 소통을 하고 싶어합니다. 그리고 점차 소리를 인식하기 시작하고, 그 소리에 의미가 있다는 걸 깨닫고 직접 그 소리를 내려고 시도해요. 스스로 말을 하기 전부터 아기는 이미 많은 단어를 이해하지요. 말하기 학습 단계를 대략적으로 소개해 보겠습니다.

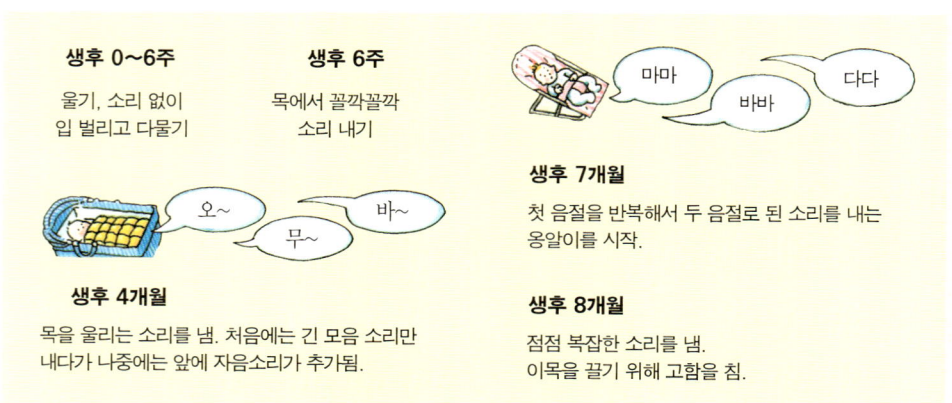

생후 9개월
서로 다른 다양한 소리를 모아서 문장으로 만든다.
여러 가지 억양을 시도.

생후 12개월
최초로 진짜 단어를 사용함. 거의 늘 사람이나 사물을 지칭함. 스스로 단어를 만들어 내기도 함. 이후 몇 달간 서서히 더 많은 단어를 익힌다.

생후 18개월
새로운 단어를 익히는 속도가 더 빨라진다.

생후 24개월
단어를 연결해서 간단한 문장을 만들기 시작한다.

● 독립성의 발달

신체에 대한 통제력이 늘고 주변 세상에 대한 이해가 증가하면서, 아기는 다른 사람에 대한 의존성이 줄고 스스로 하는 일이 많아져요. 어린 아이가 독립성을 기르게 되는 두 가지 주요 단계를 소개합니다.

1. 생후 3개월에서 6개월 사이 어느 시점에 이르면, 아기는 우유만으로는 배고픔을 채울 수 없게 돼요. 그러면 아기는 으깨서 걸쭉하게 만든 여러 가지 음식을 조금씩 먹을 수 있지요. 끼니마다 단단한 음식을 먹게 되기 전까지 이런 음식의 양을 서서히 늘립니다.

아기는 금방 씹는 법을 익히고 손가락으로 음식을 집어서 입 속으로 넣을 수 있게 돼요. 그러다 숟가락을 잡기 시작하고, 조금 더 지나면 숟가락을 사용해서 음식을 입 안으로 넣어요. 연습을 통해 어느 순간 스스로 식사를 완벽하게 해낼 수 있습니다.

183

2. 생후 2년째 어느 시점에 이르면, 아기들은 기저귀에 똥오줌을 싸려고 하는 때를 인식하기 시작해요. 아기가 이런 경우 미리 얘기할 줄 알게 되면 유아용 변기에 앉는 법을 가르칠 수 있어요. 필요할 때마다 유아용 변기를 사용할 수 있게 되기까지는 서너 달이 걸릴 수 있어요.

유아용 변기 사용법을 익히고 나면 화장실 좌변기를 사용하는 법을 배울 수 있어요. 변기에서 앉은 자세를 유지하도록 붙잡아 줘야 하고, 때로는 옷을 벗고 입는 걸 도와 줘야 해요.

14. 아기 돌보기

여기에서는 여러분이 직접 아기를 돌봐야 할 때 물어 봐야 할 사항과 기억해야 할 안전 수칙을 소개할게요. 이 내용은 두 부분으로 나뉘어 있어요. 처음에는 아직은 혼자서 돌아다닐 수 없는 아기를 돌보는 방법에 관한 내용이에요.

그 다음에는 좀 더 큰 아기들과 유아를 돌보는 데 필요한 내용을 담고 있어요. 아기를 돌볼 때는 아기 부모가 집을 떠나기 전에 알아두어야 할 만한 사항을 모두 생각해 보고, 자신이 정확히 어떤 일을 해야 하는지 파악하는 일이 무척 중요하답니다.

● 어린 아기 돌보기

아기에게 젖병을 물려야 하나요? 만약 그렇다면, 주스, 끓인 물, 우유 중 어떤 걸 줘야 되죠? 따뜻한 걸 줘야 하나요, 찬 걸 줘야 하나요? 몇 시에 줘야 하지요? 부모님에게 아기 우유 준비하는 법에 대해 정확한 지침을 받으세요.

기저귀를 갈아 주려면 기저귀와 필요한 도구는 어디에 있어요? 보통 얼마 만에 기저귀를 갈아 주나요?

아기를 재우려면 아기가 잠이 들도록 도와 줄 수 있는 습관 같은 게 있나요? 똑바로 누워 자나요, 옆으로 누워 자나요?

● 전화 번호

꼭 알아 둬야 할 전화 번호

1. 부모의 휴대전화 번호나 부모가 가는 장소의 전화 번호
2. 아기 주치의의 전화 번호
3. 근처에 사는 부모 친구의 전화 번호

● 어린 아기 돌볼 때 주의할 점

- 젖병을 문 아기를 혼자 두지 마세요. 아기가 질식할 수 있어요.
- 아기 흔들의자를 식탁이나 소파 위에 두지 마세요. 의자가 흔들릴 때 움직여서 떨어질 수 있어요.
- 침대나 식탁에 누워 있는 아기를 혼자 두지 마세요. 아직 기어다닐 수는 없어도 몸부림을 치거나 굴러서 떨어질 수 있어요.
- 아기에게 베개를 베이지 마세요.
- 아기가 입에 뭘 집어넣지 않는지 잘 지켜보세요.
- 뜨거운 음료를 아기 곁에 두지 않도록 조심하세요. 쏟아지면 위험해요.
- 아기를 안고 계단을 오르내릴 때는 계단 난간을 잡으세요. 그렇지 않으면 발이 걸려 균형을 잃기 쉬워요.
- 어린 아이가 아기를 안게 하지 마세요.
- 강한 햇빛이 아기 얼굴 쪽으로 들어오지 않게 하세요.
- 집에 고양이가 있으면 아기 침대 안으로 들어가지 못하

게 하세요. 고양이는 따뜻한 곳에 들어가는 걸 좋아하는데, 아기 위에 누워서 아기를 숨막히게 할 수도 있답니다.

● 큰 아기 돌보기

아기가 자신의 주변 상황을 더욱 또렷이 인식할 수 있게 되면, 부모가 집을 나서기 전에 아기 돌보미와 친해질 시간이 조금 필요해요. 그리고 이런 아기는 모든 것이 자신에게 익숙한 방식으로 똑같이 이루어지는 걸 좋아해요.

아기에게 먹거나 마실 것을 줘야 하나요? 컵, 접시, 숟가락은 어떤 걸 써야 되나요? 아기에게 턱받이를 해 줘야 될까요? 아기가 사용하는 의자는 뭔가요?

기저귀를 갈아 줄까요, 아니면 유아용 변기나 화장실 사용하는 걸 도와 줘야 하나요? 아기가 화장실을 뭐라고 부르나요?

아기가 자는 시간은 언제인가요? 평소에는 자기 전에 뭘 하나요? 아기용 이불이나 잠자리에 들 때 특별히 좋아하는 장난감이나 책이 있나요? 자려고 하지 않거나 깨서 울면 어떻게 해야 되나요?

● 큰 아기 돌볼 때 주의할 점

아기가 침대에 있지 않는 한 움직이는 아기를 방에 혼자 두지 마세요.

- 물건 위로 기어오를 때는 떨어질 경우를 대비해 아기를 잡을 준비를 하세요.
- 날카롭거나 질식할 위험이 있는 물건을 입 속에 넣지 않도록 잘 지켜보세요.
- 계단 위에 있을 때는 주의를 기울이세요.
- 비닐 봉투를 가지고 놀게 하지 마세요.
- 다리미나 찻주전자의 전기 코드나 손 닿는 곳까지 내려와 있는 식탁보 등 아기가 잡아당길 만한 물건을 조심하세요.
- 칼, 가위, 핀, 바늘, 성냥, 유리컵, 뜨거운 음료가 담긴 머그컵, 차나 커피가 가득 든 포트는 아기 손이 닿지 않는 곳에 두세요.
- 전기 플러그, 요리 도구, 뜨거운 히터, 라디에이터, 수건 걸이 근처에 가지 못하게 하세요.
- 유아는 약이나 가정용 세정제를 먹고 싶어 할 수 있어요. 이런 것을 집지 못하게 하세요.
- 높은 의자에 앉아 있는 아기를 혼자 두지 마세요.
- 혼자 욕조에 들어가 있거나 대야나 세면대에 있는 물로 장난치는 아기를 혼자 두지 마세요.
- 아기가 문을 가지고 장난을 칠 경우에는 문틈에 손가락이 끼거나 머리를 부딪치기 쉬워요.

용어 풀이

여기에는 여러분들이 들어서 의미를 잘 모를 수도 있는 용어에 대해서 설명해 두었습니다.

- **가족 계획** _ 피임, 산아 제한.

- **간통** _ 결혼한 사람과 그 사람의 배우자가 아닌 사람과의 성관계.

- **강간** _ 상대방의 의사에 반하여 강제로 성 행위를 하는 일.

- **거세** _ 남성의 고환을 제거하는 일.

- **관음증 환자** _ 다른 사람의 성적인 행동이나 옷을 벗는 장면을 몰래 지켜보는 데서 성적인 쾌감을 느끼는 사람.

- **그루밍** _ 특히 인터넷 상에서 성적으로 이용할 목적으로 아동의 신용을 얻는 일.

- **근친상간** _ 아버지와 딸, 삼촌과 조카, 오빠와 여동생 등, 혈연 관계가 가까워서 합법적인 결혼이 허용되지 않는 사람 사이에 성관계를 갖는 일. 많은 나라에서 근친상간은 불법이며, 이 법은 입양, 의붓, 수양 관계에도 동일하게 적용됨.

- **금욕** _ 오랜 기간 성관계를 갖지 않음.

- **난소** _ 난자를 만들어 내고 호르몬을 분비하는 곳.

- **난자** _ 난 세포.

- **남근상** _ 발기한 음경의 상(像). 어떤 물건을 두고 남근상과 같다고 하면 그 물건이 발기한 음경 모양이라는 뜻임.

- **노출광** _ 자신의 성기를 다른 사람에게 노출하는 사람.

- **달력법** _ 여성의 생리일을 기준으로 성관계를 가져도 '안전한 기간'을 계산하는 다소 불확실한 피임법.

- **동정** _ 성관계를 가져 본 적이 없는 사람.

- **리비도** _ 성적 욕망.

- **마조히스트** _ 상대로부터 고통을 당함으로써 성적인 쾌감을 느끼는 사람.

- **매독** _ 아주 중증의 성매개 질병으로 항생제로 치료가 가능함.

- **매춘부** _ 돈을 받고 성관계를 맺는 사람.

- **무월경** _ 생리가 없는 상태.

- **방광염** _ 방광에 생긴 염증으로 화장실에 갈 때 통증을 일으킴. 통상 박테리아 감염으로 발병하며 남성보다 여성에게서 많이 나타남.

- **배란** _ 난소에서 난자가 방출되는 일. 여성 대부분에게 배란은 한 달에 한 번 정도 일어남.

- **배아** _ 임신 초기 단계에서 발달 중에 있는 아기.

- **변태** _ 비정상적인 성적 행동.

- **부인과 의사** _ 여성의 생식기 계통의 질병을 전문으로 하는 의사.

- **분만** _ 해산, 출산.

- **불임** _ 아이를 갖지 못하는 것.

- **불임수술** _ 영구히 아이를 갖지 못하도록 외과적으로 수술하는 일. 일반적으로는 이미 자녀가 있는 사람 중에서 더 이상 자녀를 낳고 싶지 않은 경우에 불임 수술을 받음. 불임 수술은 남성이 여성보다 시술이 쉬운 편임.

- **비특이성 요도염** _ 방광에서 신체 밖으로 이어지는 관인 요도에 생기는 염증. 성병의 일종으로 남성에게만 발생함.

- **사디스트** _ 상대에게 고통을 가함으로써 성적인 쾌감을 느끼는 사람.

- **산아 제한** _ 피임.

- **성적 괴롭힘** _ 원하지 않는 사람에게 성적으로 지분대는 일. 성희롱.

- **성전환자** _ 남성에서 여성으로, 또는 여성에서 남성으로 성을 바꾸고 싶어하거나 성 전환 수술을 받은 사람.

- **성차별주의자** _ 남성과 여성의 성별에 따라 특정한 방식으로 행동해야 한다고 생각하는 사람.

- **성희롱** _ 원하지 않는 사람에게 성적으로 지분거리는 일.

- **세포** _ 몸을 구성하는 기본적인 생명 단위.

- **수정** _ 난자 세포와 정자 세포의 결합.

- **수태** _ 난자 세포와 정자 세포가 결합해 자궁에 착상하는 것.

- **수태하다** _ 임신하다.

- **아동 학대** _ 강제나 설득을 통해 성적 행위에 이용하는 것을 포함해 아동(16세 미만의 사람)에게 몹쓸 짓을 하는 일. 많은 나라에서 아동 학대는 불법이며 현재 학대를 받고 있는 아동이나 과거에 학대를 받은 적이 있는 사람을 돕는 기관이 다수 있음.

- **안전한 성관계** _ 콘돔 등을 사용해 성병이나 임신으로부터 자신과 상대방을 보호하는 일.

- **애무** _ 키스와 상대방의 몸을 더듬는 행위는 포함되지만 성교는 포함되지 않는 성적 접촉.

- **양성적** _ 겉모습이 남성 같기도 하고 여성 같기도 한.

- **오럴 섹스** _ 입으로 성기를 자극하는 행위.

- **임질** _ 아주 흔한 성병 가운데 하나로, 항생제로 치료가 가능하나 여성의 경우 증상이 없을 수도 있고, 불임이 될 수도 있음.

- **임포텐스** _ 남자가 발기가 안 되거나 오르가슴을 느끼지 못하는 일.

- **자궁** _ 임신 중 아기가 자라는 곳으로, 잘 늘어나는 자루 같은 근육.

- **자궁경부** _ 자궁의 하단 부위로, 출산할 때 아기가 나올 수 있도록 열리는 부분.

- **자궁절제술** _ 여성의 자궁을 제거하는 수술.

- **정관절제술** _ 남성의 불임 수술.

- **정소** _ 고환.

- **정절** _ 순결 또는 금욕.

- **조루** _ 남성이 너무 일찍 오르가슴에 도달하는 것.

- **질** _ 여성의 신체 외부에서 자궁으로 이어지는 튜브 같은 관.

- **질외 사정법** _ 남자가 사정하기 전에 질에서 음경을 빼내는 것으로 절대 신뢰할 수 없는 피임법.

- **체온법** _ 여성의 생리 주기 동안 체온의 변화로부터 성교를 해도 '안전한 기간'을 추정하는, 다소 불확실한 피임법.

- **체취** _ 몸에서 나는 냄새. 제대로 씻지 않거나 탈취제를 사용하지 않아서 생김.

- **최음제** _ 성적인 욕구를 증가시키는 물질.

- **칸디다증** _ 흔한 성매개 전염병으로 성적 접촉 없이도 발병할 수 있음. 원인은 효모균으로 증상은 주로 여성에게서 나타나며 질 분비물 증가, 가려움증, 화장실 갈 때의 통증 등이 나타남.

- **클라미디아** _ 아주 흔한 성병 가운데 하나로 여자와 남자 모두에게 전염됨. 증상으로는 질이나 음경에서 분비물이 나오거나 통증이 있지만, 특히 여성의 경우에는 증상이 없을 수도 있음. 치료하지 않을 경우 불임의 원인이 되기도 함.

- **태반** _ 자궁 내에서 엄마로부터 음식과 산소를 태아에게 전달하고 태아의 배설물을 다시 엄마에게 전달해 주는 기관.

- **태아** _ 임신 9주부터 탄생 때까지의 단계에서 발달 중에 있는 아기.

- **탯줄** _ 자궁 내에서 아기와 태반을 연결하고 있는 관.

- **페미니스트** _ 여성의 권리와 삶을 향상시키고자 하는 사람.

- **포르노그라피** _ 성적인 자극을 목적으로 한 그림이나 글.

- **플라토닉**(우정) _ 성관계가 개입되지 않은.

- **피도필** _ 어린 아이에 대해 성적으로 끌리는 어른.

- **피임** _ 성교가 임신으로 이어지는 것을 막는 일.

- **해산** _ 아기가 엄마의 몸에서 태어나는 과정. 출산.

- **헤르페스**(성기 헤르페스) _ 2형 헤르페스라고도 불리는 성병으로 아직 치료제가 없음. 성기 헤르페스와 입가에 나는 발진인 단순 헤르페스(1형 헤르페스)와는 아무런 상관이 없음.

- **호르몬** _ 내분비샘에서 분비되어 혈액을 통해 체내를 순환하며, 모든 기관에 중요한 작용을 하는 물질.

- **호모포비아** _ 동성애자에 대한 증오나 공포.